Collection de guides de c
"Tout ira bien

GUIDE DE
CONVERSATION
— UKRAINIEN —

Par Andrey Taranov

LES PHRASES LES PLUS UTILES

Ce guide de conversation contient les phrases et les questions les plus communes et nécessaires pour communiquer avec des étrangers

Guide de conversation + dictionnaire de 3000 mots

Guide de conversation Français-Ukrainien et vocabulaire thématique de 3000 mots

Par Andrey Taranov

La collection de guides de conversation "Tout ira bien!", publiée par T&P Books, est conçue pour les gens qui voyagent par affaire ou par plaisir. Les guides contiennent l'essentiel pour la communication de base. Il s'agit d'une série indispensable de phrases pour "survivre" à l'étranger.

Ce livre inclut un dictionnaire thématique qui contient près de 3000 des mots les plus fréquemment utilisés. Une autre section du guide contient un glossaire gastronomique qui peut être utile lorsque vous faites le marché ou commandez des plats au restaurant.

Copyright © 2016 T&P Books Publishing

Tous droits réservés. Sans permission écrite préalable des éditeurs, toute reproduction ou exploitation partielle ou intégrale de cet ouvrage est interdite, sous quelque forme et par quelque procédé (électronique ou mécanique) que ce soit, y compris la photocopie, l'enregistrement ou le recours à un système de stockage et de récupération des données.

T&P Books Publishing
www.tpbooks.com

ISBN: 978-1-78616-793-4

Ce livre existe également en format électronique.
Pour plus d'informations, veuillez consulter notre site: www.tpbooks.com
ou rendez-vous sur ceux des grandes librairies en ligne.

PRÉFACE

La collection de guides de conversation "Tout ira bien!", publié par T&P Books, est conçue pour les gens qui voyagent par affaire ou par plaisir. Les guides de conversations contiennent le plus important - l'essentiel pour la communication de base. Il s'agit d'une série indispensable de phrases pour survivre à l'étranger.

Ce guide de conversation vous aidera dans la plupart des cas où vous devez demander quelque chose, trouver une direction, découvrir le prix d'un souvenir, etc. Il peut aussi résoudre des situations de communication difficile lorsque la gesticulation n'aide pas.

Le livre contient beaucoup de phrases qui ont été groupées par thèmes. Vous trouverez aussi un vocabulaire des 3000 mots les plus couramment utilisés. Une autre section du guide contient un glossaire gastronomique qui peut être utile lorsque vous faites le marché ou commandez des plats au restaurant.

Emmenez avec vous un guide de conversation "Tout ira bien!" sur la route et vous aurez un compagnon de voyage irremplaçable qui vous aidera à vous sortir de toutes les situations et vous enseignera à ne pas avoir peur de parler aux étrangers.

TABLE DES MATIÈRES

Prononciation	5
Liste des abréviations	7
Guide de conversation Français-Ukrainien	9
Vocabulaire thématique	73
Glossaire gastronomique	193

T&P Books Publishing

PRONONCIATION

Lettre	Exemple en ukrainien	Alphabet phonétique T&P	Exemple en français

Voyelles

А а	акт	[a]	classe
Е е	берет	[e], [ɛ]	poète
Є є	модельєр	[ɛ]	faire
И и	ритм	[k]	bocal
І і	компанія	[i]	stylo
Ї ї	поїзд	[ji]	accueillir
О о	око	[ɔ]	robinet
У у	буря	[u]	boulevard
Ю ю	костюм	[ʲu]	interview
Я я	маяк	[ja], [ʲa]	diamant

Consonnes

Б б	бездна	[b]	bureau
В в	вікно	[w]	iguane
Г г	готель	[h]	g espagnol - amigo, magnífico
Ґ ґ	ґудзик	[g]	gris
Д д	дефіс	[d]	document
Ж ж	жанр	[ʒ]	jeunesse
З з	зброя	[z]	gazeuse
Й й	йти	[j]	maillot
К к	крок	[k]	bocal
Л л	лев	[l]	vélo
М м	мати	[m]	minéral
Н н	назва	[n]	ananas
П п	приз	[p]	panama
Р р	радість	[r]	racine, rouge
С с	сон	[s]	syndicat
Т т	тир	[t]	tennis
Ф ф	фарба	[f]	formule
Х х	холод	[h]	[h] aspiré
Ц ц	церква	[ts]	gratte-ciel
Ч ч	час	[tʃ]	match

Lettre	Exemple en ukrainien	Alphabet phonétique T&P	Exemple en français
Ш ш	шуба	[ʃ]	chariot
Щ щ	щука	[ɕ]	chiffre
ь	камінь	[ʲ]	signe mou
ъ	ім'я	[ʼ]	signe dur

LISTE DES ABRÉVIATIONS

Abréviations en français

adj	-	adjective
adv	-	adverbe
anim.	-	animé
conj	-	conjonction
dénombr.	-	dénombrable
etc.	-	et cetera
f	-	nom féminin
f pl	-	féminin pluriel
fam.	-	familiar
fem.	-	féminin
form.	-	formal
inanim.	-	inanimé
indénombr.	-	indénombrable
m	-	nom masculin
m pl	-	masculin pluriel
m, f	-	masculin, féminin
masc.	-	masculin
math	-	mathematics
mil.	-	militaire
pl	-	pluriel
prep	-	préposition
pron	-	pronom
qch	-	quelque chose
qn	-	quelqu'un
sing.	-	singulier
v aux	-	verbe auxiliaire
v imp	-	verbe impersonnel
vi	-	verbe intransitif
vi, vt	-	verbe intransitif, transitif
vp	-	verbe pronominal
vt	-	verbe transitif

Abréviations en ukrainien

ж	-	nom féminin
мн	-	pluriel

| с | - | neutre |
| ч | - | nom masculin |

GUIDE DE CONVERSATION UKRAINIEN

Cette section contient
des phrases importantes
qui peuvent être utiles dans
des situations courantes.
Le guide vous aidera
à demander des directions,
clarifier le prix, acheter
des billets et commander
des plats au restaurant

T&P Books Publishing

CONTENU DU GUIDE DE CONVERSATION

Les essentiels	12
Questions	15
Besoins	16
Comment demander la direction	18
Affiches, Pancartes	20
Transport - Phrases générales	22
Acheter un billet	24
L'autobus	26
Train	28
Sur le train - Dialogue (Pas de billet)	29
Taxi	30
Hôtel	32
Restaurant	35
Shopping. Faire les Magasins	37
En ville	39
L'argent	41

Le temps	43
Salutations - Introductions	45
Les adieux	47
Une langue étrangère	49
Les excuses	50
Les accords	51
Refus, exprimer le doute	52
Exprimer la gratitude	54
Félicitations. Vœux de fête	55
Socialiser	56
Partager des impressions. Émotions	59
Problèmes. Accidents	61
Problèmes de santé	64
À la pharmacie	67
Les essentiels	69

Les essentiels

Excusez-moi, ...	Вибачте, ... ['wibatʃtɛ, ...]
Bonjour	Добрий день. ['dɔbrij dɛnʲ.]
Merci	Дякую. ['dʲakuʲu.]
Au revoir	До побачення. [do po'batʃɛnʲa.]
Oui	Так. [tak.]
Non	Ні. [ni.]
Je ne sais pas.	Я не знаю. [ja nɛ 'znaʲu.]
Où? | Où? | Quand?	Де? | Куди? | Коли? [dɛ? | ku'di? | ko'li?]
J'ai besoin de ...	Мені потрібен ... [mɛ'ni po'tribɛn ...]
Je veux ...	Я хочу ... [ja 'hotʃu ...]
Avez-vous ... ?	У вас є ...? [u was 'ɛ ...?]
Est-ce qu'il y a ... ici?	Тут є ...? [tut ɛ ...?]
Puis-je ... ?	Чи можна мені ...? [tʃi 'mɔʒna mɛ'ni ...?]
s'il vous plaît (pour une demande)	Будь ласка [budʲ 'laska]
Je cherche ...	Я шукаю ... [ja ʃu'kaʲu ...]
les toilettes	туалет [tua'lɛt]
un distributeur	банкомат [banko'mat]
une pharmacie	аптеку [ap'tɛku]
l'hôpital	лікарню [li'karnʲu]
le commissariat de police	поліцейську дільницю [poli'tsɛjsʲku dilʲ'nitsʲu]
une station de métro	метро [mɛt'rɔ]

un taxi	таксі [tak'si]
la gare	вокзал [wok'zal]

Je m'appelle ...	Мене звуть ... [mɛ'nɛ zwutʲ ...]
Comment vous appelez-vous?	Як вас звуть? [jak was 'zwutʲ?]
Aidez-moi, s'il vous plaît.	Допоможіть мені, будь ласка. [dopomo'ʒitʲ mɛ'ni, budʲ 'laska.]
J'ai un problème.	У мене проблема. [u 'mɛnɛ prob'lɛma.]
Je ne me sens pas bien.	Мені погано. [mɛ'ni po'ɦano.]
Appelez une ambulance!	Викличте швидку! ['wɨklɨt͡ʃtɛ ʃwɨd'ku!]
Puis-je faire un appel?	Чи можна мені зателефонувати? [t͡ʃɨ 'mɔʒna mɛ'ni zatɛlɛfonu'watɨ?]

Excusez-moi.	Прошу вибачення ['prɔʃu 'wɨbat͡ʃɛnʲa]
Je vous en prie.	Прошу ['prɔʃu]

je, moi	я [ja]
tu, toi	ти [tɨ]
il	він [win]
elle	вона [wo'na]
ils	вони [wo'nɨ]
elles	вони [wo'nɨ]
nous	ми [mɨ]
vous	ви [wɨ]
Vous	Ви [wɨ]

ENTRÉE	ВХІД [whid]
SORTIE	ВИХІД ['wɨhid]
HORS SERVICE | EN PANNE	НЕ ПРАЦЮЄ [nɛ pra't͡sʲuɛ]
FERMÉ	ЗАКРИТО [za'krɨto]

OUVERT	**ВІДКРИТО** [wid'krito]
POUR LES FEMMES	**ДЛЯ ЖІНОК** [dlʲa ʒi'nɔk]
POUR LES HOMMES	**ДЛЯ ЧОЛОВІКІВ** [dlʲa tʃolowi'kiw]

Questions

Où? (lieu)	**Де?** [dɛ?]
Où? (direction)	**Куди?** [kuˈdɨ?]
D'où?	**Звідки?** [ˈzwidkɨ?]
Pourquoi?	**Чому?** [tʃoˈmu?]
Pour quelle raison?	**Навіщо?** [naˈwiɕo?]
Quand?	**Коли?** [koˈlɨ?]
Combien de temps?	**Скільки часу?** [ˈskilʲkɨ ˈtʃasu?]
À quelle heure?	**О котрій?** [o kotˈrij?]
C'est combien?	**Скільки коштує?** [ˈskilʲkɨ ˈkɔʃtuɛ?]
Avez-vous ... ?	**У вас є ...?** [u was ˈɛ ...?]
Où est ..., s'il vous plaît?	**Де знаходиться ...?** [dɛ znaˈhodɨtʲsʲa ...?]
Quelle heure est-il?	**Котра година?** [koˈtra ɦoˈdɨna?]
Puis-je faire un appel?	**Чи можна мені зателефонувати?** [tʃɨ ˈmɔʒna mɛˈni zatɛlɛfonuˈwatɨ?]
Qui est là?	**Хто там?** [hto tam?]
Puis-je fumer ici?	**Чи можна мені тут палити?** [tʃɨ ˈmɔʒna mɛˈni tut paˈlɨtɨ?]
Puis-je ...?	**Чи можна мені ...?** [tʃɨ ˈmɔʒna mɛˈni ...?]

Besoins

Je voudrais ...	Я б хотів /хотіла/ ... [ja b ho'tiw /ho'tila/ ...]
Je ne veux pas ...	Я не хочу ... [ja nɛ 'hɔtʃu ...]
J'ai soif.	Я хочу пити. [ja 'hɔtʃu 'piti.]
Je veux dormir.	Я хочу спати. [ja 'hɔtʃu 'spati.]
Je veux ...	Я хочу ... [ja 'hɔtʃu ...]
me laver	вмитися ['wmitisʲa]
brosser mes dents	почистити зуби [po'tʃistiti 'zubʲ]
me reposer un instant	трохи відпочити ['trɔhɨ widpo'tʃiti]
changer de vêtements	переодягнутися [pɛrɛodʲaɦ'nutisʲa]
retourner à l'hôtel	повернутися в готель [powɛr'nutisʲa w ɦo'tɛlʲ]
acheter ...	купити ... [ku'piti ...]
aller à ...	з'їздити в ... ['zʔizditi w ...]
visiter ...	відвідати ... [wid'widati ...]
rencontrer ...	зустрітися з ... [zust'ritisʲa z ...]
faire un appel	зателефонувати [zatɛlɛfonu'wati]
Je suis fatigué /fatiguée/	Я втомився /втомилася/. [ja wto'miwsʲa /wto'milasʲa/.]
Nous sommes fatigués /fatiguées/	Ми втомилися. [mɨ wto'milisʲa.]
J'ai froid.	Мені холодно. [mɛ'ni 'hɔlodno.]
J'ai chaud.	Мені спекотно. [mɛ'ni spɛ'kɔtno.]
Je suis bien.	Мені нормально. [mɛ'ni nor'malʲno.]

Il me faut faire un appel.	**Мені треба зателефонувати.** [mɛ'ni 'trɛba zatɛlɛfonu'watɨ.]
J'ai besoin d'aller aux toilettes.	**Мені треба в туалет.** [mɛ'ni 'trɛba w tua'lɛt.]
Il faut que j'aille.	**Мені вже час.** [mɛ'ni wʒɛ tʃas.]
Je dois partir maintenant.	**Мушу вже йти.** ['muʃu wʒɛ jtɨ.]

Comment demander la direction

Excusez-moi, …	**Вибачте, …** ['wibatʃtɛ, …]
Où est …, s'il vous plaît?	**Де знаходиться …?** [dɛ zna'hɔditʲsʲa …?]
Dans quelle direction est … ?	**В якому напрямку знаходиться …?** [w ja'kɔmu 'naprʲamku zna'hɔditʲsʲa …?]
Pouvez-vous m'aider, s'il vous plaît ?	**Допоможіть мені, будь ласка.** [dopomo'ʒitʲ mɛ'ni, budʲ 'laska.]
Je cherche …	**Я шукаю …** [ja ʃu'kaʲu …]
La sortie, s'il vous plaît?	**Я шукаю вихід.** [ja ʃu'kaʲu 'wihid.]
Je vais à …	**Я їду в …** [ja 'idu w …]
C'est la bonne direction pour …?	**Чи правильно я йду …?** [tʃi 'prawilʲno ja jdu …?]
C'est loin?	**Це далеко?** [tsɛ da'lɛko?]
Est-ce que je peux y aller à pied?	**Чи дійду я туди пішки?** [tʃi dij'du ja tu'dɨ 'piʃki?]
Pouvez-vous me le montrer sur la carte?	**Покажіть мені на карті, будь ласка.** [poka'ʒitʲ mɛ'ni na 'karti, budʲ 'laska.]
Montrez-moi où sommes-nous, s'il vous plaît.	**Покажіть, де ми зараз.** [poka'ʒitʲ, dɛ mɨ 'zaraz.]
Ici	**Тут** [tut]
Là-bas	**Там** [tam]
Par ici	**Сюди** [sʲu'dɨ]
Tournez à droite.	**Поверніть направо.** [powɛr'nitʲ na'prawo.]
Tournez à gauche.	**Поверніть наліво.** [powɛr'nitʲ na'liwo.]
Prenez la première (deuxième, troisième) rue.	**перший (другий, третій) поворот** ['pɛrʃij ('druɦij, 'trɛtij) powo'rɔt]
à droite	**направо** [na'prawo]

à gauche	**наліво** [na'liwo]
Continuez tout droit.	**Ідіть прямо.** [i'ditʲ 'prʲamo.]

Affiches, Pancartes

BIENVENUE!	**ЛАСКАВО ПРОСИМО** [las'kawo 'prɔsimo]
ENTRÉE	**ВХІД** [whid]
SORTIE	**ВИХІД** ['wihid]
POUSSEZ	**ВІД СЕБЕ** [wid 'sɛbɛ]
TIREZ	**ДО СЕБЕ** [do 'sɛbɛ]
OUVERT	**ВІДКРИТО** [wid'krito]
FERMÉ	**ЗАКРИТО** [za'krito]
POUR LES FEMMES	**ДЛЯ ЖІНОК** [dlʲa ʒi'nɔk]
POUR LES HOMMES	**ДЛЯ ЧОЛОВІКІВ** [dlʲa tʃolowi'kiw]
MESSIEURS (m)	**ЧОЛОВІЧИЙ ТУАЛЕТ** [tʃolo'witʃij tua'lɛt]
FEMMES (f)	**ЖІНОЧИЙ ТУАЛЕТ** [ʒi'nɔtʃij tua'lɛt]
RABAIS | SOLDES	**ЗНИЖКИ** ['zniʒki]
PROMOTION	**РОЗПРОДАЖ** [roz'prɔdaʒ]
GRATUIT	**БЕЗКОШТОВНО** [bɛzkoʃ'tɔwno]
NOUVEAU!	**НОВИНКА!** [no'winka!]
ATTENTION!	**УВАГА!** [u'waɦa!]
COMPLET	**МІСЦЬ НЕМАЄ** [mists nɛ'maɛ]
RÉSERVÉ	**ЗАРЕЗЕРВОВАНО** [zarɛzɛr'wɔwano]
ADMINISTRATION	**АДМІНІСТРАЦІЯ** [admini'stratsiʲa]
PERSONNEL SEULEMENT	**ТІЛЬКИ ДЛЯ ПЕРСОНАЛУ** ['tilʲki dlʲa pɛrso'nalu]

ATTENTION AU CHIEN!	**ЗЛИЙ СОБАКА** [zlij so'baka]
NE PAS FUMER!	**НЕ ПАЛИТИ!** [nɛ pa'litʲi!]
NE PAS TOUCHER!	**РУКАМИ НЕ ТОРКАТИСЯ!** [ru'kamɨ nɛ tor'katisʲa!]
DANGEREUX	**НЕБЕЗПЕЧНО** [nɛbɛz'pɛtʃno]
DANGER	**НЕБЕЗПЕКА** [nɛbɛz'pɛka]
HAUTE TENSION	**ВИСОКА НАПРУГА** [wɨ'sɔka na'pruɦa]
BAIGNADE INTERDITE!	**КУПАТИСЯ ЗАБОРОНЕНО** [ku'patisʲa zabo'rɔnɛno]

HORS SERVICE | EN PANNE	**НЕ ПРАЦЮЄ** [nɛ pra'tsʲuɛ]
INFLAMMABLE	**ВОГНЕНЕБЕЗПЕЧНО** ['woɦnɛ nɛbɛz'pɛtʃno]
INTERDIT	**ЗАБОРОНЕНО** [zabo'rɔnɛno]
ENTRÉE INTERDITE!	**ПРОХІД ЗАБОРОНЕНИЙ** [pro'hid zabo'rɔnɛnɨj]
PEINTURE FRAÎCHE	**ПОФАРБОВАНО** [pofar'bɔwano]

FERMÉ POUR TRAVAUX	**ЗАКРИТО НА РЕМОНТ** [za'krɨto na rɛ'mɔnt]
TRAVAUX EN COURS	**РЕМОНТНІ РОБОТИ** [rɛ'mɔntni ro'bɔtɨ]
DÉVIATION	**ОБ'ЇЗД** [ob"izd]

Transport - Phrases générales

avion	літак [li'tak]
train	поїзд ['pɔizd]
bus, autobus	автобус [aw'tɔbus]
ferry	пором [po'rɔm]
taxi	таксі [tak'si]
voiture	автомобіль [awtomo'bilʲ]

horaire	розклад ['rɔzklad]
Où puis-je voir l'horaire?	Де можна подивитися розклад? [dɛ 'mɔʒna podiˈwitisʲa 'rɔzklad?]
jours ouvrables	робочі дні [ro'bɔtʃi dni]
jours non ouvrables	вихідні дні [wɨhid'ni dni]
jours fériés	святкові дні [swʲatˈkɔwi dni]

DÉPART	ВІДПРАВЛЕННЯ [wid'prawlɛnʲa]
ARRIVÉE	ПРИБУТТЯ [pributˈtʲa]
RETARDÉE	ЗАТРИМУЄТЬСЯ [za'trimuɛtʲsʲa]
ANNULÉE	ВІДМІНЕНИЙ [wid'minɛnij]

prochain (train, etc.)	наступний [na'stupnij]
premier	перший ['pɛrʃij]
dernier	останній [os'tanij]

À quelle heure est le prochain ...?	Коли буде наступний ...? [ko'lɨ 'budɛ na'stupnij ...?]
À quelle heure est le premier ...?	Коли відправляється перший ...? [ko'lɨ widpraw'lʲaɛtʲsʲa 'pɛrʃij ...?]

À quelle heure est le dernier ...?	**Коли відправляється останній ...?** [ko'lɨ widpraw'lʲaɛtʲsʲa os'tanij ...?]
correspondance	**пересадка** [pɛrɛ'sadka]
prendre la correspondance	**зробити пересадку** [zro'bɨtɨ pɛrɛ'sadku]
Dois-je prendre la correspondance?	**Чи потрібно мені робити пересадку?** [tʃɨ pot'ribno mɛ'ni ro'bɨtɨ pɛrɛ'sadku?]

Acheter un billet

Où puis-je acheter des billets?	**Де я можу купити квитки?** [dɛ ja 'mɔʒu ku'pitɨ kwit'kɨ?]
billet	**квиток** [kwi'tɔk]
acheter un billet	**купити квиток** [ku'pitɨ kwi'tɔk]
le prix d'un billet	**вартість квитка** ['wartistʲ kwit'ka]
Pour aller où?	**Куди?** [ku'dɨ?]
Quelle destination?	**До якої станції?** [do ja'kɔi 'stantsii?]
Je voudrais ...	**Мені потрібно ...** [mɛ'ni po'tribno ...]
un billet	**один квиток** [o'din kwi'tɔk]
deux billets	**два квитки** [dwa kwit'kɨ]
trois billets	**три квитки** [trɨ kwit'kɨ]
aller simple	**в один кінець** [w o'din ki'nɛts]
aller-retour	**туди і назад** [tu'dɨ i na'zad]
première classe	**перший клас** ['pɛrʃɨj klas]
classe économique	**другий клас** ['druɦɨj klas]
aujourd'hui	**сьогодні** [sʲo'ɦɔdni]
demain	**завтра** ['zawtra]
après-demain	**післязавтра** [pislʲa'zawtra]
dans la matinée	**вранці** ['wrantsi]
l'après-midi	**вдень** ['wdɛnʲ]
dans la soirée	**ввечері** ['wvɛtʃɛri]

siège côté couloir	**місце біля проходу** ['mistsɛ 'bilʲa pro'hɔdu]
siège côté fenêtre	**місце біля вікна** ['mistsɛ 'bilʲa wik'na]
C'est combien?	**Скільки?** ['skilʲki?]
Puis-je payer avec la carte?	**Чи можу я заплатити карткою?** [tʃi 'mɔʒu ja zapla'titi 'kartkoʲu?]

L'autobus

bus, autobus	**автобус** [aw'tɔbus]
autocar	**міжміський автобус** [miʒmisʲˈkij aw'tɔbus]
arrêt d'autobus	**автобусна зупинка** [aw'tɔbusna zu'pinka]
Où est l'arrêt d'autobus le plus proche?	**Де найближча автобусна зупинка?** [dɛ najb'liʒtʃa aw'tɔbusna zu'pinka?]

numéro	**номер** ['nɔmɛr]
Quel bus dois-je prendre pour aller à …?	**Який автобус їде до …?** [ja'kij aw'tɔbus 'idɛ do …?]
Est-ce que ce bus va à …?	**Цей автобус їде до …?** [tsɛj aw'tɔbus 'idɛ do …?]
L'autobus passe tous les combien?	**Як часто ходять автобуси?** [jak 'tʃasto 'hɔdʲatʲ aw'tɔbusi?]

chaque quart d'heure	**кожні 15 хвилин** ['kɔʒni pʲjat'nadtsʲatʲ hwi'lin]
chaque demi-heure	**щопівгодини** [ɕopiwhoˈdini]
chaque heure	**щогодини** [ɕohoˈdini]

plusieurs fois par jour	**кілька разів на день** ['kilʲka ra'ziw na dɛnʲ]
… fois par jour	**… разів на день** [… ra'ziw na 'dɛnʲ]

horaire	**розклад** ['rɔzklad]
Où puis-je voir l'horaire?	**Де можна подивитися розклад?** [dɛ 'mɔʒna podiˈwitisʲa 'rɔzklad?]

À quelle heure passe le prochain bus?	**Коли буде наступний автобус?** [ko'li 'budɛ na'stupnij aw'tɔbus?]
À quelle heure passe le premier bus?	**Коли відправляється перший автобус?** [ko'li widpraw'lʲaɛtʲsʲa 'pɛrʃij aw'tɔbus?]
À quelle heure passe le dernier bus?	**Коли їде останній автобус?** [ko'li 'idɛ os'tanij aw'tɔbus?]

arrêt	**зупинка** [zu'pinka]
prochain arrêt	**наступна зупинка** [na'stupna zu'pinka]
terminus	**кінцева зупинка** [kin'tsɛwa zu'pinka]
Pouvez-vous arrêter ici, s'il vous plaît.	**Зупиніть тут, будь ласка.** [zupɨ'nitʲ tut, budʲ 'laska.]
Excusez-moi, c'est mon arrêt.	**Дозвольте, це моя зупинка.** [doz'wolʲtɛ, tsɛ mo'ʲa zu'pinka.]

Train

train	поїзд ['pɔizd]
train de banlieue	приміський поїзд [primisʲˈkij 'pɔizd]
train de grande ligne	поїзд далекого прямування ['pɔizd daˈlɛkoɦo prʲamuˈwanʲa]
la gare	вокзал [wokˈzal]
Excusez-moi, où est la sortie vers les quais?	Вибачте, де вихід до поїздів? ['wibatʃtɛ, dɛ 'wiɦid do poiz'diw?]
Est-ce que ce train va à …?	Цей поїзд їде до …? [tsɛj 'pɔizd 'idɛ do …?]
le prochain train	наступний поїзд [naˈstupnij 'pɔizd]
À quelle heure est le prochain train?	Коли буде наступний поїзд? [koˈli 'budɛ naˈstupnij 'pɔizd?]
Où puis-je voir l'horaire?	Де можна подивитися розклад? [dɛ 'mɔʒna podiˈwitisʲa 'rozklad?]
De quel quai?	З якої платформи? [z jaˈkɔi platˈfɔrmi?]
À quelle heure arrive le train à …?	Коли поїзд прибуває в …? [koˈli 'pɔizd pribuˈwaɛ w …?]
Pouvez-vous m'aider, s'il vous plaît?	Допоможіть мені, будь ласка. [dopomoˈʒitʲ mɛˈni, budʲ 'laska.]
Je cherche ma place.	Я шукаю своє місце. [ja ʃuˈkaʲu swoˈɛ 'mistsɛ.]
Nous cherchons nos places.	Ми шукаємо наші місця. [mi ʃuˈkaɛmo 'naʃi misˈtsʲa.]
Ma place est occupée.	Моє місце зайняте. [moˈɛ 'mistsɛ 'zajnʲatɛ.]
Nos places sont occupées.	Наші місця зайняті. ['naʃi misˈtsʲa 'zajnʲati.]
Excusez-moi, mais c'est ma place.	Вибачте, будь ласка, але це моє місце. ['wibatʃtɛ, budʲ 'laska, aˈlɛ tsɛ moˈɛ 'mistsɛ.]
Est-ce que cette place est libre?	Це місце вільне? [tsɛ 'mistsɛ 'wilʲnɛ?]
Puis-je m'asseoir ici?	Можна мені тут сісти? ['mɔʒna mɛˈni tut 'sisti?]

Sur le train - Dialogue (Pas de billet)

Votre billet, s'il vous plaît.	Ваш квиток, будь ласка. [waʃ kwɨ'tɔk, budʲ 'laska.]
Je n'ai pas de billet.	У мене немає квитка. [u 'mɛnɛ nɛ'maɛ kwɨt'ka.]
J'ai perdu mon billet.	Я загубив /загубила/ свій квиток. [ja zaɦu'bɨw /zaɦu'bɨla/ swij kwɨ'tɔk.]
J'ai oublié mon billet à la maison.	Я забув /забула/ квиток вдома. [ja za'buw /za'bula/ kwɨ'tɔk 'wdoma.]

Vous pouvez m'acheter un billet.	Ви можете купити квиток у мене. [wɨ 'mɔʒɛtɛ ku'pɨtɨ kwɨ'tɔk u 'mɛnɛ.]
Vous devrez aussi payer une amende.	Вам ще доведеться заплатити штраф. [wam ɕɛ dowɛ'dɛtʲsʲa zapla'tɨtɨ ʃtraf.]

D'accord.	Добре. ['dɔbrɛ.]
Où allez-vous?	Куди ви їдете? [ku'dɨ wɨ 'idɛtɛ?]
Je vais à ...	Я їду до ... [ja 'idu do ...]

Combien? Je ne comprend pas.	Скільки? Я не розумію. ['skilʲkɨ? ja nɛ rozu'miʲu.]
Pouvez-vous l'écrire, s'il vous plaît.	Напишіть, будь ласка. [napɨ'ʃɨtʲ, budʲ 'laska.]
D'accord. Puis-je payer avec la carte?	Добре. Чи можу я заплатити карткою? ['dɔbrɛ. tʃɨ 'mɔʒu ja zapla'tɨtɨ 'kartkoʲu?]

Oui, bien sûr.	Так, можете. [tak, 'mɔʒɛtɛ.]

Voici votre reçu.	Ось ваша квитанція. [osʲ 'waʃa kwɨ'tantsiʲa.]
Désolé pour l'amende.	Шкодую про штраф. [ʃko'duʲu pro 'ʃtraf.]
Ça va. C'est de ma faute.	Це нічого. Це моя вина. [tsɛ ni'tʃoɦo tsɛ mo'ʲa wi'na.]
Bon voyage.	Приємної вам поїздки. [prɨ'ɛmnoi wam po'izdkɨ.]

Taxi

taxi	таксі [tak'si]
chauffeur de taxi	таксист [tak'sist]
prendre un taxi	зловити таксі [zlo'witi tak'si]
arrêt de taxi	стоянка таксі [sto'ʲanka tak'si]
Où puis-je trouver un taxi?	Де я можу взяти таксі? [dɛ ja 'mɔʒu 'wzʲati tak'si?]
appeler un taxi	викликати таксі ['wiklikati tak'si]
Il me faut un taxi.	Мені потрібно таксі. [mɛ'ni po'tribno tak'si.]
maintenant	Просто зараз. ['prɔsto 'zaraz.]
Quelle est votre adresse?	Ваша адреса? ['waʃa ad'rɛsa?]
Mon adresse est ...	Моя адреса ... [mo'ʲa ad'rɛsa ...]
Votre destination?	Куди ви поїдете? [ku'dɨ wɨ po'idɛtɛ?]
Excusez-moi, ...	Вибачте, ... ['wɨbatʃtɛ, ...]
Vous êtes libre ?	Ви вільні? [wɨ 'wilʲni?]
Combien ça coûte pour aller à ...?	Скільки коштує доїхати до ...? ['skilʲki 'kɔʃtuɛ do'ihati do ...?]
Vous savez où ça se trouve?	Ви знаєте, де це? [wɨ 'znaɛtɛ, dɛ ʦɛ?]
À l'aéroport, s'il vous plaît.	В аеропорт, будь ласка. [w aɛro'pɔrt, budʲ 'laska.]
Arrêtez ici, s'il vous plaît.	Зупиніться тут, будь ласка. [zupi'nitʲsʲa tut, budʲ 'laska.]
Ce n'est pas ici.	Це не тут. [ʦɛ nɛ tut.]
C'est la mauvaise adresse.	Це неправильна адреса. [ʦɛ nɛ'prawɨlʲna ad'rɛsa.]
tournez à gauche	Зараз наліво. ['zaraz na'liwo.]
tournez à droite	Зараз направо. ['zaraz na'prawo.]

Combien je vous dois?	**Скільки я вам винен /винна/?** ['skilʲki ja wam 'winɛn /'wina/?]
J'aimerais avoir un reçu, s'il vous plaît.	**Дайте мені чек, будь ласка.** ['dajtɛ mɛ'ni tʃɛk, budʲ 'laska.]
Gardez la monnaie.	**Здачі не треба.** ['zdatʃi nɛ 'trɛba.]

Attendez-moi, s'il vous plaît ...	**Зачекайте мене, будь ласка.** [zatʃɛ'kajtɛ mɛ'nɛ, budʲ 'laska.]
cinq minutes	**5 хвилин** ['pʲatʲ hwi'lin]
dix minutes	**10 хвилин** ['dɛsʲatʲ hwi'lin]
quinze minutes	**15 хвилин** [pʲat'nadtsʲatʲ hwi'lin]
vingt minutes	**20 хвилин** ['dwadtsʲatʲ hwi'lin]
une demi-heure	**півгодини** [piwɦo'dini]

Hôtel

Bonjour.	**Добрий день.** ['dobrɨj dɛnʲ.]
Je m'appelle ...	**Мене звуть ...** [mɛ'nɛ zwutʲ ...]
J'ai réservé une chambre.	**Я резервував /резервувала/ номер.** [ja rɛzɛrwu'waw /rɛzɛrwu'wala/ 'nɔmɛr.]
Je voudrais ...	**Мені потрібен ...** [mɛ'ni po'tribɛn ...]
une chambre simple	**одномісний номер** [odno'misnɨj 'nɔmɛr]
une chambre double	**двомісний номер** [dwo'misnɨj 'nɔmɛr]
C'est combien?	**Скільки він коштує?** ['skilʲkɨ win 'kɔʃtuɛ?]
C'est un peu cher.	**Це трохи дорого.** [tsɛ 'trɔhɨ 'dɔroɦo.]
Avez-vous autre chose?	**У вас є ще що-небудь?** [u was 'ɛ ɕɛ ɕo-'nɛbudʲ?]
Je vais la prendre.	**Я візьму його.** [ja wizʲ'mu ʲo'ɦɔ.]
Je vais payer comptant.	**Я заплачу готівкою.** [ja zapla'tʃu ɦo'tiwkoʲu.]
J'ai un problème.	**У мене є проблема.** [u 'mɛnɛ ɛ prob'lɛma.]
Mon /Ma/ ... ne fonctionne pas.	**У мене не працює ...** [u 'mɛnɛ nɛ pra'tsʲuɛ ...]
télé	**телевізор** [tɛlɛ'wizor]
air conditionné	**кондиціонер** [kondɨtsio'nɛr]
robinet	**кран** [kran]
douche	**душ** [duʃ]
évier	**раковина** ['rakowɨna]
coffre-fort	**сейф** [sɛjf]
serrure de porte	**замок** [za'mɔk]

prise électrique	розетка [rɔˈzɛtka]
sèche-cheveux	фен [fɛn]

Je n'ai pas …	У мене немає … [u ˈmɛnɛ nɛˈmaɛ …]
d'eau	води [wɔˈdɨ]
de lumière	світла [ˈswitla]
d'électricité	електрики [ɛˈlɛktrɨkɨ]

Pouvez-vous me donner …?	Чи не можете мені дати …? [tʃɨ nɛ ˈmɔʒɛtɛ mɛˈni ˈdatɨ …?]
une serviette	рушник [ruʃˈnɨk]
une couverture	ковдру [ˈkɔwdru]
des pantoufles	тапочки [ˈtapɔtʃkɨ]
une robe de chambre	халат [haˈlat]
du shampoing	шампунь [ʃamˈpunʲ]
du savon	мило [ˈmɨlɔ]

Je voudrais changer ma chambre.	Я б хотів /хотіла/ поміняти номер. [ja b hɔˈtiw /hɔˈtila/ pɔmiˈnʲatɨ ˈnɔmɛr.]
Je ne trouve pas ma clé.	Я не можу знайти свій ключ. [ja nɛ ˈmɔʒu znajˈtɨ swij ˈklʲutʃ.]
Pourriez-vous ouvrir ma chambre, s'il vous plaît?	Відкрийте мій номер, будь ласка. [widˈkrɨjtɛ mij ˈnɔmɛr, budʲ ˈlaska.]
Qui est là?	Хто там? [hto tam?]
Entrez!	Заходьте! [zaˈhɔdʲtɛ!]
Une minute!	Одну хвилину! [ɔdˈnu hwɨˈlɨnu!]
Pas maintenant, s'il vous plaît.	Будь ласка, не зараз. [budʲ ˈlaska, nɛ ˈzaraz.]

Pouvez-vous venir à ma chambre, s'il vous plaît.	Зайдіть до мене, будь ласка. [zajˈditʲ dɔ ˈmɛnɛ, budʲ ˈlaska.]
J'aimerais avoir le service d'étage.	Я хочу зробити замовлення їжі в номер. [ja ˈhɔtʃu zrɔˈbɨtɨ zaˈmɔwlɛnja ˈiʒi w ˈnɔmɛr.]
Mon numéro de chambre est le …	Мій номер кімнати … [mij ˈnɔmɛr kimˈnatɨ …]

Je pars ...	**Я їду ...** [ja 'idu ...]
Nous partons ...	**Ми їдемо ...** [mɨ 'idɛmo ...]
maintenant	**зараз** ['zaraz]
cet après-midi	**сьогодні після обіду** [sʲo'hɔdni 'pislʲa o'bidu]
ce soir	**сьогодні ввечері** [sʲo'hɔdni 'wvɛtʃɛri]
demain	**завтра** ['zawtra]
demain matin	**завтра вранці** ['zawtra 'wrantsi]
demain après-midi	**завтра ввечері** ['zawtra 'wvɛtʃɛri]
après-demain	**післязавтра** [pislʲa'zawtra]
Je voudrais régler mon compte.	**Я б хотів /хотіла/ розрахуватися.** [ja b ho'tiw /ho'tila/ rozrahu'watisʲa.]
Tout était merveilleux.	**Все було чудово.** [wsɛ bu'lɔ tʃu'dɔwo.]
Où puis-je trouver un taxi?	**Де я можу взяти таксі?** [dɛ ja 'mɔʒu 'wzʲati tak'si?]
Pourriez-vous m'appeler un taxi, s'il vous plaît?	**Викличте мені таксі, будь ласка.** ['wiklitʃtɛ mɛ'ni tak'si, budʲ 'laska.]

Restaurant

Puis-je voir le menu, s'il vous plaît?	**Чи можу я подивитися ваше меню?** [tʃɨ 'mɔʒu ja podʲi'wɨtisʲa 'waʃɛ mɛ'nʲu?]
Une table pour une personne.	**Столик для одного.** ['stɔlɨk dlʲa od'nɔɦo.]
Nous sommes deux (trois, quatre).	**Нас двоє (троє, четверо).** [nas 'dwɔɛ ('trɔɛ, 'tʃɛtwɛro).]
Fumeurs	**Для курців** [dlʲa kur'tsiw]
Non-fumeurs	**Для некурців** [dlʲa nɛkur'tsiw]
S'il vous plaît!	**Будьте ласкаві!** ['budʲtɛ las'kawi!]
menu	**меню** [mɛ'nʲu]
carte des vins	**карта вин** ['karta wɨn]
Le menu, s'il vous plaît.	**Меню, будь ласка.** [mɛ'nʲu, budʲ 'laska.]
Êtes-vous prêts à commander?	**Ви готові зробити замовлення?** [wɨ ɦo'towi zro'bɨti za'mɔwlɛnʲa?]
Qu'allez-vous prendre?	**Що ви будете замовляти?** [ɕo wɨ 'budɛtɛ zamow'lʲati?]
Je vais prendre ...	**Я буду ...** [ja 'budu ...]
Je suis végétarien.	**Я вегетаріанець /вегетаріанка/.** [ja wɛɦɛtari'anɛts /wɛɦɛtari'anka/.]
viande	**м'ясо** ['mʲaso]
poisson	**риба** ['rɨba]
légumes	**овочі** ['ɔwotʃi]
Avez-vous des plats végétariens?	**У вас є вегетаріанські страви?** [u was 'ɛ wɛɦɛtari'ansʲki 'strawɨ?]
Je ne mange pas de porc.	**Я не їм свинину.** [ja nɛ im swɨ'nɨnu.]
Il /elle/ ne mange pas de viande.	**Він /вона/ не їсть м'ясо.** [wɨn /wo'na/ nɛ istʲ 'mʲaso.]
Je suis allergique à ...	**У мене алергія на ...** [u 'mɛnɛ alɛr'ɦiʲa na ...]

Pourriez-vous m'apporter …, s'il vous plaît.	**Принесіть мені, будь ласка …** [prinɛ'sitʲ mɛ'ni, budʲ 'laska …]
le sel | le poivre | du sucre	**сіль | перець | цукор** [silʲ | 'pɛrɛts | 'tsukor]
un café | un thé | un dessert	**каву | чай | десерт** ['kawu | tʃaj | dɛ'sɛrt]
de l'eau | gazeuse | plate	**воду | з газом | без газу** ['wɔdu | z 'ɦazom | bɛz 'ɦazu]
une cuillère | une fourchette | un couteau	**ложку | вилку | ніж** ['lɔʒku | 'wilku | niʒ]
une assiette | une serviette	**тарілку | серветку** [ta'rilku | sɛr'wɛtku]

Bon appétit!	**Смачного!** [smatʃ'nɔɦo!]
Un de plus, s'il vous plaît.	**Принесіть ще, будь ласка.** [prinɛ'sitʲ ɕɛ, budʲ 'laska.]
C'était délicieux.	**Було дуже смачно.** [bu'lɔ 'duʒɛ 'smatʃno.]

l'addition | de la monnaie | le pourboire	**рахунок | здача | чайові** [ra'hunok | 'zdatʃa | tʃaʲo'wi]
L'addition, s'il vous plaît.	**Рахунок, будь ласка.** [ra'hunok, budʲ 'laska.]
Puis-je payer avec la carte?	**Чи можу я заплатити карткою?** [tʃi 'mɔʒu ja zapla'titi 'kartkoʲu?]
Excusez-moi, je crois qu'il y a une erreur ici.	**Вибачте, тут помилка.** ['wibatʃtɛ, tut po'milka.]

Shopping. Faire les Magasins

Est-ce que je peux vous aider?	Чи можу я вам допомогти? [tʃi 'mɔʒu ja wam dopomoɦ'ti?]
Avez-vous ... ?	У вас є ...? [u was 'ɛ ...?]
Je cherche ...	Я шукаю ... [ja ʃu'kaʲu ...]
Il me faut ...	Мені потрібен ... [mɛ'ni po'tribɛn ...]

Je regarde seulement, merci.	Я просто дивлюся. [ja 'prɔsto 'diwlʲusʲa.]
Nous regardons seulement, merci.	Ми просто дивимося. [mɨ 'prɔsto 'diwimosʲa.]
Je reviendrai plus tard.	Я зайду пізніше. [ja zaj'du piz'niʃɛ.]
On reviendra plus tard.	Ми зайдемо пізніше. [mɨ 'zajdɛmo piz'niʃɛ.]
Rabais	Soldes	знижки	розпродаж ['zniʒki	roz'prɔdaʒ]

Montrez-moi, s'il vous plaît ...	Покажіть мені, будь ласка ... [poka'ʒitʲ mɛ'ni, budʲ 'laska ...]
Donnez-moi, s'il vous plaît ...	Дайте мені, будь ласка ... ['dajtɛ mɛ'ni, budʲ 'laska ...]
Est-ce que je peux l'essayer?	Чи можна мені це приміряти? [tʃi 'mɔʒna mɛ'ni tsɛ pri'mirʲati?]
Excusez-moi, où est la cabine d'essayage?	Вибачте, де примірювальна? ['wɨbatʃtɛ, dɛ pri'mirʲuwalʲna?]
Quelle couleur aimeriez-vous?	Який колір ви хочете? [ja'kɨj 'kɔlir wɨ 'hɔtʃɛtɛ?]
taille	longueur	розмір	зріст ['rɔzmir	zrist]
Est-ce que la taille convient ?	Підійшло? [pidij'ʃlɔ?]

Combien ça coûte?	Скільки це коштує? ['skilʲki tsɛ 'kɔʃtuɛ?]
C'est trop cher.	Це занадто дорого. [tsɛ za'nadto 'dɔroɦo.]
Je vais le prendre.	Я візьму це. [ja wizʲ'mu tsɛ.]
Excusez-moi, où est la caisse?	Вибачте, де каса? ['wɨbatʃtɛ, dɛ 'kasa?]

Payerez-vous comptant ou par carte de crédit?	**Як ви будете платити? Готівкою чи кредиткою?** [jak wɨ 'budɛtɛ pla'tɨtɨ? ɦo'tiwkoʲu tʃɨ krɛ'dɨtkoʲu?]
Comptant | par carte de crédit	**готівкою | карткою** [ɦo'tiwkoʲu | 'kartkoʲu]

Voulez-vous un reçu?	**Вам потрібен чек?** [wam po'tribɛn tʃɛk?]
Oui, s'il vous plaît.	**Так, будьте ласкаві.** [tak, 'budʲtɛ las'kawi.]
Non, ce n'est pas nécessaire.	**Ні, не потрібно. Дякую.** [ni, nɛ po'tribno. 'dʲakuʲu.]
Merci. Bonne journée!	**Дякую. На все добре!** ['dʲakuʲu. na wsɛ 'dɔbrɛ.]

En ville

Excusez-moi, ...	Вибачте, будь ласка ... ['wɪbatʃtɛ, budʲ 'laska ...]
Je cherche ...	Я шукаю ... [ja ʃu'kaʲu ...]

le métro	метро [mɛt'rɔ]
mon hôtel	свій готель [swij ɦo'tɛlʲ]
le cinéma	кінотеатр [kinotɛ'atr]
un arrêt de taxi	стоянку таксі [sto'ʲanku tak'si]

un distributeur	банкомат [banko'mat]
un bureau de change	обмін валют ['ɔbmin wa'lʲut]
un café internet	інтернет-кафе [intɛr'nɛt-ka'fɛ]
la rue ...	вулицю ... ['wulɨtsʲu ...]
cette place-ci	ось це місце [osʲ tsɛ 'mistsɛ]

Savez-vous où se trouve ...?	Чи не знаєте Ви, де знаходиться ...? [tʃɨ nɛ 'znaɛtɛ wɨ, dɛ zna'ɦodɨtʲsʲa ...?]
Quelle est cette rue?	Як називається ця вулиця? [jak nazɨ'waɛtʲsʲa tsʲa 'wulɨtsʲa?]
Montrez-moi où sommes-nous, s'il vous plaît.	Покажіть, де ми зараз. [poka'ʒitʲ, dɛ mɨ 'zaraz.]

Est-ce que je peux y aller à pied?	Я дійду туди пішки? [ja dij'du tu'dɨ 'piʃkɨ?]
Avez-vous une carte de la ville?	У вас є карта міста? [u was 'ɛ 'karta 'mista?]

C'est combien pour un ticket?	Скільки коштує вхідний квиток? ['skilʲkɨ 'kɔʃtuɛ whid'nɨj kwɨ'tɔk?]
Est-ce que je peux faire des photos?	Чи можна тут фотографувати? [tʃɨ 'mɔʒna tut fotoɦrafu'watɨ?]
Êtes-vous ouvert?	Ви відкриті? [wɨ widk'rɨti?]

À quelle heure ouvrez-vous? **О котрій ви відкриваєтесь?**
[o kot'rij wɨ widkri'waɛtɛsʲ?]

À quelle heure fermez-vous? **До котрої години ви працюєте?**
[do ko'trɔi ɦo'dinɨ wɨ pra'tsʲuɛtɛ?]

L'argent

argent	гроші ['ɦrɔʃi]
argent liquide	готівкові гроші [ɦotiw'kɔwi 'ɦrɔʃi]
des billets	паперові гроші [papɛ'rɔwi 'ɦrɔʃi]
petite monnaie	дрібні гроші [drib'ni 'ɦrɔʃi]
l'addition | de la monnaie | le pourboire	рахунок | здача | чайові [ra'hunok | 'zdatʃa | tʃaʲo'wi]
carte de crédit	кредитна картка [krɛ'ditna 'kartka]
portefeuille	гаманець [ɦama'nɛts]
acheter	купувати [kupu'watɨ]
payer	платити [pla'tɨtɨ]
amende	штраф ['ʃtraf]
gratuit	безкоштовно [bɛzkoʃ'tɔwno]
Où puis-je acheter ... ?	Де я можу купити ...? [dɛ ja 'mɔʒu ku'pɨtɨ ...?]
Est-ce que la banque est ouverte en ce moment?	Чи відкритий зараз банк? [tʃɨ wid'krɨtɨj 'zaraz bank?]
À quelle heure ouvre-t-elle?	О котрій він відкривається? [o kot'rij win widkrɨ'waɛtʲsʲa?]
À quelle heure ferme-t-elle?	До котрої години він працює? [do ko'trɔi ɦo'dɨnɨ win pra'tsʲuɛ?]
C'est combien?	Скільки? ['skilʲkɨ?]
Combien ça coûte?	Скільки це коштує? ['skilʲkɨ tsɛ 'koʃtuɛ?]
C'est trop cher.	Це занадто дорого. [tsɛ za'nadto 'dɔroɦo.]
Excusez-moi, où est la caisse?	Вибачте, де каса? ['wɨbatʃtɛ, dɛ 'kasa?]
L'addition, s'il vous plaît.	Рахунок, будь ласка. [ra'hunok, budʲ 'laska.]

Puis-je payer avec la carte?	**Чи можу я заплатити карткою?** [t͡ʃi ˈmɔʒu ja zaplaˈtiti ˈkartkoʲu?]
Est-ce qu'il y a un distributeur ici?	**Тут є банкомат?** [tut ɛ bankoˈmat?]
Je cherche un distributeur.	**Мені потрібен банкомат.** [mɛˈni poˈtribɛn bankoˈmat.]

Je cherche un bureau de change.	**Я шукаю обмін валют.** [ja ʃuˈkaʲu ˈɔbmin waˈlʲut.]
Je voudrais changer ...	**Я б хотів /хотіла/ поміняти ...** [ja b hoˈtiw /hoˈtila/ pomiˈnʲati ...]
Quel est le taux de change?	**Який курс обміну?** [jaˈkij kurs ˈɔbminu?]
Avez-vous besoin de mon passeport?	**Вам потрібен мій паспорт?** [wam poˈtribɛn mij ˈpasport?]

Le temps

Quelle heure est-il?	**Котра година?** ['ko'tra ho'dina?]
Quand?	**Коли?** [ko'li?]
À quelle heure?	**О котрій?** [o kot'rij?]
maintenant | plus tard | après ...	**зараз | пізніше | після ...** ['zaraz | piz'niʃɛ | 'pisʎa ...]
une heure	**перша година дня** ['pɛrʃa ho'dina dnʲa]
une heure et quart	**п'ятнадцять на другу** [pʲat'nadtsʲatʲ na 'druhu]
une heure et demie	**половина другої** [polo'wina 'druhoi]
deux heures moins quart	**за п'ятнадцять друга** [za pʲat'nattsʲatʲ 'druha]
un | deux | trois	**один | два | три** [o'din | dwa | tri]
quatre | cinq | six	**чотири | п'ять | шість** [tʃo'tiri | 'pʲatʲ | ʃistʲ]
sept | huit | neuf	**сім | вісім | дев'ять** [sim | 'wisim | 'dɛwʲatʲ]
dix | onze | douze	**десять | одинадцять | дванадцять** ['dɛsʲatʲ | odi'nadtsʲatʲ | dwa'nadtsʲatʲ]
dans ...	**через ...** ['tʃɛrɛz ...]
cinq minutes	**5 хвилин** ['pʲatʲ hwi'lin]
dix minutes	**10 хвилин** ['dɛsʲatʲ hwi'lin]
quinze minutes	**15 хвилин** [pʲat'nadtsʲatʲ hwi'lin]
vingt minutes	**20 хвилин** ['dwadtsʲatʲ hwi'lin]
une demi-heure	**півгодини** [piwho'dini]
une heure	**одна година** [od'na ho'dina]

dans la matinée	**вранці** ['wrantsi]
tôt le matin	**рано вранці** ['rano 'wrantsi]
ce matin	**сьогодні вранці** [sʲo'ɦodni 'wrantsi]
demain matin	**завтра вранці** ['zawtra 'wrantsi]
à midi	**в обід** [w o'bid]
dans l'après-midi	**після обіду** ['pislʲa o'bidu]
dans la soirée	**ввечері** ['wvɛtʃɛri]
ce soir	**сьогодні ввечері** [sʲo'ɦodni 'wvɛtʃɛri]
la nuit	**вночі** [wno'tʃi]
hier	**вчора** ['wtʃɔra]
aujourd'hui	**сьогодні** [sʲo'ɦodni]
demain	**завтра** ['zawtra]
après-demain	**післязавтра** [pislʲa'zawtra]
Quel jour sommes-nous aujourd'hui?	**Який сьогодні день?** [ja'kij sʲo'ɦodni dɛnʲ?]
Nous sommes …	**Сьогодні …** [sʲo'ɦodni …]
lundi	**понеділок** [ponɛ'dilok]
mardi	**вівторок** [wiw'tɔrok]
mercredi	**середа** [sɛrɛ'da]
jeudi	**четвер** [tʃɛt'wɛr]
vendredi	**п'ятниця** ['pʲatnitsʲa]
samedi	**субота** [su'bɔta]
dimanche	**неділя** [nɛ'dilʲa]

Salutations - Introductions

Bonjour.	**Добрий день.** ['dɔbrij dɛnʲ.]
Enchanté /Enchantée/	**Радий /рада/ з вами познайомитися.** ['radɨj /'rada/ z 'wamɨ pozna'jɔmɨtɨsʲa.]
Moi aussi.	**Я теж.** [ja tɛʒ.]
Je voudrais vous présenter ...	**Знайомтеся. Це ...** [zna'jɔmtɛsʲa. tsɛ ...]
Ravi /Ravie/ de vous rencontrer.	**Дуже приємно.** ['duʒɛ prɨ'ɛmno.]
Comment allez-vous?	**Як ви? Як у вас справи?** [jak wɨ? jak u was 'sprawɨ?]
Je m'appelle ...	**Мене звуть ...** [mɛ'nɛ zwutʲ ...]
Il s'appelle ...	**Його звуть ...** [ʲo'hɔ zwutʲ ...]
Elle s'appelle ...	**Її звуть ...** [iɨ 'zwutʲ ...]
Comment vous appelez-vous?	**Як вас звуть?** [jak was 'zwutʲ?]
Quel est son nom?	**Як його звуть?** [jak ʲo'hɔ zwutʲ?]
Quel est son nom?	**Як її звуть?** [jak iɨ 'zwutʲ?]
Quel est votre nom de famille?	**Яке ваше прізвище?** [ja'kɛ 'waʃɛ 'prizwɨɕɛ?]
Vous pouvez m'appeler ...	**Називайте мене ...** [nazɨ'wajtɛ mɛ'nɛ ...]
D'où êtes-vous?	**Звідки ви?** ['zwidkɨ wɨ?]
Je suis de ...	**Я з ...** [ja z ...]
Qu'est-ce que vous faites dans la vie?	**Ким ви працюєте?** [kɨm wɨ pra'tsʲuɛtɛ?]
Qui est-ce?	**Хто це?** [hto tsɛ?]
Qui est-il?	**Хто він?** [hto win?]
Qui est-elle?	**Хто вона?** [hto wo'na?]

Qui sont-ils?	**Хто вони?** [hto wo'ni?]
C'est ...	**Це ...** [tsɛ ...]
mon ami	**мій друг** [mij druɦ]
mon amie	**моя подруга** [moʲa 'pɔdruɦa]
mon mari	**мій чоловік** [mij tʃolo'wik]
ma femme	**моя дружина** [moʲa dru'ʒina]
mon père	**мій батько** [mij 'batʲko]
ma mère	**моя мама** [moʲa 'mama]
mon frère	**мій брат** [mij brat]
ma sœur	**моя сестра** [moʲa sɛst'ra]
mon fils	**мій син** [mij sin]
ma fille	**моя дочка** [moʲa dotʃ'ka]
C'est notre fils.	**Це наш син.** [tsɛ naʃ sin.]
C'est notre fille.	**Це наша дочка.** [tsɛ 'naʃa dotʃ'ka.]
Ce sont mes enfants.	**Це мої діти.** [tsɛ mo'i 'diti.]
Ce sont nos enfants.	**Це наші діти.** [tsɛ 'naʃi 'diti.]

Les adieux

Au revoir!	**До побачення!** [do po'batʃɛnʲa!]
Salut!	**Бувай!** [bu'waj!]
À demain.	**До завтра.** [do 'zawtra.]
À bientôt.	**До зустрічі.** [do 'zustritʃi.]
On se revoit à sept heures.	**Зустрінемось о сьомій.** [zust'rinɛmosʲ o 'sʲɔmij.]
Amusez-vous bien!	**Розважайтеся!** [rozwa'ʒajtɛsʲa!]
On se voit plus tard.	**Поговоримо пізніше.** [poɦo'wɔrimo piz'niʃɛ.]
Bonne fin de semaine.	**Вдалих вихідних.** ['wdaɫih wihid'nɨh.]
Bonne nuit.	**На добраніч.** [na do'branitʃ.]
Il est l'heure que je parte.	**Мені вже час.** [mɛ'ni wʒɛ tʃas.]
Je dois m'en aller.	**Мушу йти.** ['muʃu jtɨ.]
Je reviens tout de suite.	**Я зараз повернусь.** [ja 'zaraz powɛr'nusʲ.]
Il est tard.	**Вже пізно.** [wʒɛ 'pizno.]
Je dois me lever tôt.	**Мені рано вставати.** [mɛ'ni 'rano wsta'watɨ.]
Je pars demain.	**Я завтра від'їжджаю.** [ja 'zawtra widʲiʒ'dʒaʲu.]
Nous partons demain.	**Ми завтра від'їжджаємо.** [mɨ 'zawtra widʲiʒ'dʒaɛmo.]
Bon voyage!	**Щасливої поїздки!** [ɕas'lɨwoi po'izdkɨ!]
Enchanté de faire votre connaissance.	**Було приємно з вами познайомитися.** [bu'lɔ priʲɛmno z 'wamɨ pozna'jɔmɨtɨsʲa.]

Heureux /Heureuse/ d'avoir parlé avec vous.	**Було приємно з вами поспілкуватися.** [bu'lɔ pri'ɛmno z 'wamɨ pospilku'watisʲa.]
Merci pour tout.	**Дякую за все.** ['dʲakuʲu za wsɛ.]
Je me suis vraiment amusé /amusée/	**Я чудово провів /провела/ час.** [ja tʃu'dɔwo pro'wiw /prowɛ'la/ tʃas.]
Nous nous sommes vraiment amusés /amusées/	**Ми чудово провели час.** [mɨ tʃu'dɔwo prowɛ'lɨ tʃas.]
C'était vraiment plaisant.	**Все було чудово.** [wsɛ bu'lɔ tʃu'dɔwo.]
Vous allez me manquer.	**Я буду сумувати.** [ja 'budu sumu'watɨ.]
Vous allez nous manquer.	**Ми будемо сумувати.** [mɨ 'budɛmo sumu'watɨ.]
Bonne chance!	**Успіхів! Щасливо!** ['uspihiw! ɕas'lɨwo!]
Mes salutations à ...	**Передавайте вітання ...** [pɛrɛda'wajtɛ wi'tanʲa ...]

Une langue étrangère

Je ne comprends pas.	Я не розумію. [ja nɛ rozu'mi^ju.]
Écrivez-le, s'il vous plaît.	Напишіть це, будь ласка. [napi'ʃit^j tsɛ, bud^j 'laska.]
Parlez-vous ...?	Ви знаєте ...? [wɨ 'znaɛtɛ ...?]

Je parle un peu ...	Я трохи знаю ... [ja 'trɔhɨ zna^ju ...]
anglais	англійська [anɦ'lijs^jka]
turc	турецька [tu'rɛtska]
arabe	арабська [a'rabs^jka]
français	французька [fran'tsuz^jka]

allemand	німецька [ni'mɛtska]
italien	італійська [ita'lijs^jka]
espagnol	іспанська [is'pans^jka]
portugais	португальська [portu'ɦal^js^jka]
chinois	китайська [kɨ'tajs^jka]
japonais	японська [ja'pons^jka]

Pouvez-vous le répéter, s'il vous plaît.	Повторіть, будь ласка. [powto'rit^j, bud^j 'laska.]
Je comprends.	Я розумію. [ja rozu'mi^ju.]
Je ne comprends pas.	Я не розумію. [ja nɛ rozu'mi^ju.]
Parlez plus lentement, s'il vous plaît.	Говоріть повільніше, будь ласка. [ɦowo'rit^j po'wil^jniʃɛ, 'bud^j 'laska.]

Est-ce que c'est correct?	Це правильно? [tsɛ 'prawɨl^jno?]
Qu'est-ce que c'est?	Що це? [ɕo 'tsɛ?]

Les excuses

Excusez-moi, s'il vous plaît.	**Вибачте, будь ласка.** ['wɨbatʃtɛ, budʲ 'laska.]
Je suis désolé /désolée/	**Мені шкода.** [mɛ'ni 'ʃkɔda.]
Je suis vraiment /désolée/	**Мені дуже шкода.** [mɛ'ni 'duʒɛ 'ʃkɔda.]
Désolé /Désolée/, c'est ma faute.	**Винен /Винна/, це моя вина.** ['wɨnɛn /'wɨna/, tsɛ mo'ʲa wi'na.]
Au temps pour moi.	**Моя помилка.** [mo'ʲa po'mɨlka.]
Puis-je ... ?	**Чи можу я ...?** [tʃɨ 'mɔʒu ja ...?]
Ça vous dérange si je ...?	**Ви не заперечуватимете, якщо я ...?** [wɨ nɛ zapɛ'rɛtʃuwatɨmɛtɛ, jak'ɕɔ ja ...?]
Ce n'est pas grave.	**Нічого страшного.** [ni'tʃoɦo straʃ'nɔɦo.]
Ça va.	**Все гаразд.** [wsɛ ɦa'razd.]
Ne vous inquiétez pas.	**Не турбуйтесь.** [nɛ tur'bujtɛsʲ.]

Les accords

Oui	**Так.** [tak.]
Oui, bien sûr.	**Так, звичайно.** [tak, zwɨ'ʧajno.]
Bien.	**Добре!** ['dɔbrɛ!]
Très bien.	**Дуже добре.** ['duʒɛ 'dɔbrɛ.]
Bien sûr!	**Звичайно!** [zwɨ'ʧajno!]
Je suis d'accord.	**Я згідний /згідна/.** [ja 'zɦidnɨj /'zɦidna/.]
C'est correct.	**Вірно.** ['wirno.]
C'est exact.	**Правильно.** ['prawɨlʲno.]
Vous avez raison.	**Ви праві.** [wɨ pra'wi.]
Je ne suis pas contre.	**Я не заперечую.** [ja nɛ zapɛ'rɛʧuʲu.]
Tout à fait correct.	**Абсолютно вірно.** [abso'lʲutno 'wirno.]
C'est possible.	**Це можливо.** [ʦɛ moʒ'lɨwo.]
C'est une bonne idée.	**Це гарна думка.** [ʦɛ 'ɦarna 'dumka.]
Je ne peux pas dire non.	**Не можу відмовити.** [nɛ 'mɔʒu wid'mɔwɨtɨ.]
J'en serai ravi /ravie/	**Буду радий /рада/.** ['budu 'radɨj /'rada/.]
Avec plaisir.	**Із задоволенням.** [iz zado'wɔlɛnjam.]

Refus, exprimer le doute

Non
Ні.
[ni.]

Absolument pas.
Звичайно, ні.
[zwɨ'tʃajno, ni.]

Je ne suis pas d'accord.
Я не згідний /згідна/.
[ja nɛ 'zɦidnij /'zɦidna/.]

Je ne le crois pas.
Я так не думаю.
[ja tak nɛ 'dumaʲu.]

Ce n'est pas vrai.
Це неправда.
[tsɛ nɛ'prawda.]

Vous avez tort.
Ви неправі.
[wɨ nɛpra'wi.]

Je pense que vous avez tort.
Я думаю, що ви неправі.
[ja 'dumaʲu, ɕo wɨ nɛpra'wi.]

Je ne suis pas sûr /sûre/
Не впевнений /впевнена/.
[nɛ 'wpɛwnɛnij /'wpɛwnɛna/.]

C'est impossible.
Це неможливо.
[tsɛ nɛmoʒ'lɨwo.]

Pas du tout!
Нічого подібного!
[ni'tʃoɦo po'dibnoɦo!]

Au contraire!
Навпаки!
[nawpa'kɨ!]

Je suis contre.
Я проти.
[ja 'prɔtɨ.]

Ça m'est égal.
Мені все одно.
[mɛ'ni wsɛ od'nɔ.]

Je n'ai aucune idée.
Гадки не маю.
['ɦadkɨ nɛ 'maʲu.]

Je doute que cela soit ainsi.
Сумніваюся, що це так.
[sumni'waʲusʲa, ɕo tsɛ tak.]

Désolé /Désolée/, je ne peux pas.
Вибачте, я не можу.
['wɨbatʃtɛ, ja nɛ 'mɔʒu.]

Désolé /Désolée/, je ne veux pas.
Вибачте, я не хочу.
['wɨbatʃtɛ, ja nɛ 'hɔtʃu.]

Merci, mais ça ne m'intéresse pas.
Дякую, мені це не потрібно.
['dʲakuʲu, mɛ'ni tsɛ nɛ pot'ribno.]

Il se fait tard.
Вже пізно.
[wʒɛ 'pizno.]

Je dois me lever tôt.	**Мені рано вставати.** [mɛˈni ˈrano wstaˈwatɨ.]
Je ne me sens pas bien.	**Я погано себе почуваю.** [ja poˈɦano sɛˈbɛ potʃuˈwaʲu.]

Exprimer la gratitude

Merci.	Дякую. ['dʲakuʲu.]
Merci beaucoup.	Дуже дякую. ['duʒɛ 'dʲakuʲu.]
Je l'apprécie beaucoup.	Дуже вдячний /вдячна/. ['duʒɛ 'wdʲatʃnij /'wdʲatʃna/.]
Je vous suis très reconnaissant.	Я вам вдячний /вдячна/. [ja wam 'wdʲatʃnij /'wdʲatʃna/.]
Nous vous sommes très reconnaissants.	Ми Вам вдячні. [mɨ wam 'wdʲatʃni.]
Merci pour votre temps.	Дякую, що витратили час. ['dʲakuʲu, ço 'wɨtratɨlɨ tʃas.]
Merci pour tout.	Дякую за все. ['dʲakuʲu za wsɛ.]
Merci pour ...	Дякую за ... ['dʲakuʲu za ...]
votre aide	вашу допомогу ['waʃu dopo'mɔɦu]
les bons moments passés	гарний час ['ɦarnij tʃas]
un repas merveilleux	чудову їжу [tʃu'dɔwu 'iʒu]
cette agréable soirée	приємний вечір [prɨ'ɛmnij 'wɛtʃir]
cette merveilleuse journée	чудовий день [tʃu'dɔwij dɛnʲ]
une excursion extraordinaire	цікаву екскурсію [tsi'kawu ɛks'kursiʲu]
Il n'y a pas de quoi.	Нема за що. [nɛ'ma za ço.]
Vous êtes les bienvenus.	Не варто дякувати. [nɛ 'warto 'dʲakuwatɨ.]
Mon plaisir.	Завжди будь ласка. [za'wʒdɨ budʲ 'laska.]
J'ai été heureux /heureuse/ de vous aider.	Був радий /Була рада/ допомогти. [buw 'radɨj /bu'la 'rada/ dopomoɦ'tɨ.]
Ça va. N'y pensez plus.	Забудьте. Все гаразд. [za'budʲtɛ wsɛ ɦa'razd.]
Ne vous inquiétez pas.	Не турбуйтесь. [nɛ tur'bujtɛsʲ.]

Félicitations. Vœux de fête

Félicitations!	**Вітаю!** [wi'ta^ju!]
Joyeux anniversaire!	**З Днем народження!** [z dnɛm na'rɔdʒɛn^ja!]
Joyeux Noël!	**Веселого Різдва!** [wɛ'sɛloɦo rizd'wa!]
Bonne Année!	**З Новим роком!** [z no'wim 'rɔkom!]
Joyeuses Pâques!	**Зі Світлим Великоднем!** [zi 'switlim wɛ'likodnɛm!]
Joyeux Hanoukka!	**Щасливої Хануки!** [ɕas'liwoi ɦa'nuki!]
Je voudrais proposer un toast.	**У мене є тост.** [u 'mɛnɛ ɛ tost.]
Santé!	**За ваше здоров'я!** [za 'waʃɛ zdo'rɔw^{ʔj}a]
Buvons à …!	**Вип'ємо за …!** ['wip^ʔɛmo za …!]
À notre succès!	**За наш успіх!** [za naʃ 'uspih!]
À votre succès!	**За ваш успіх!** [za waʃ 'uspih!]
Bonne chance!	**Успіхів!** ['uspihiw!]
Bonne journée!	**Гарного вам дня!** ['ɦarnoɦo wam dn^ja!]
Passez de bonnes vacances!	**Гарного вам відпочинку!** ['ɦarnoɦo wam widpo'tʃinku!]
Bon voyage!	**Вдалої поїздки!** ['wdaloi po'izdki!]
Rétablissez-vous vite.	**Бажаю вам швидкого одужання!** [ba'ʒaju wam ʃwid'kɔɦo o'duʒan^ja!]

Socialiser

Pourquoi êtes-vous si triste?	**Чому ви засмучені?** [tʃo'mu wɨ zasˈmutʃɛni?]
Souriez!	**Посміхніться!** [posmihˈnitʲsʲa!]
Êtes-vous libre ce soir?	**Ви не зайняті сьогодні ввечері?** [wɨ nɛ 'zajnʲati sʲoˈɦɔdni 'wwɛtʃɛri?]
Puis-je vous offrir un verre?	**Чи можу я запропонувати вам випити?** [tʃɨ 'mɔʒu ja zaproponu'watɨ wam 'wɨpɨtɨ?]
Voulez-vous danser?	**Чи не хочете потанцювати?** [tʃɨ nɛ 'hɔtʃɛtɛ potantsʲuˈwatɨ?]
Et si on va au cinéma?	**Може сходимо в кіно?** ['mɔʒɛ 'shɔdɨmo w ki'nɔ?]
Puis-je vous inviter ...	**Чи можна запросити вас в ...?** [tʃɨ 'mɔʒna zaproˈsɨtɨ was w ...?]
au restaurant	**ресторан** [rɛstoˈran]
au cinéma	**кіно** [ki'nɔ]
au théâtre	**театр** [tɛ'atr]
pour une promenade	**на прогулянку** [na proˈɦulʲanku]
À quelle heure?	**О котрій?** [o kot'rij?]
ce soir	**сьогодні ввечері** [sʲoˈɦɔdni 'wwɛtʃɛri]
à six heures	**о 6 годині** [o 'ʃostɨj ɦoˈdɨni]
à sept heures	**о 7 годині** [o 'sjɔmɨj ɦoˈdɨni]
à huit heures	**о 8 годині** [o 'wɔsʲmɨj ɦoˈdɨni]
à neuf heures	**о 9 годині** [o dɛˈwʲʲatɨj ɦoˈdɨni]
Est-ce que vous aimez cet endroit?	**Вам тут подобається?** [wam tut poˈdɔbaɛtʲsʲa?]
Êtes-vous ici avec quelqu'un?	**Ви тут з кимось?** [wɨ tut z 'kɨmosʲ?]

Je suis avec mon ami.	Я з другом /подругою/. [ja z 'druɦom /'pɔdruɦoʲu/.]
Je suis avec mes amis.	Я з друзями. [ja z 'druzʲamɨ.]
Non, je suis seul /seule/	Я один /одна/. [ja o'dɨn /od'na/.]

As-tu un copain?	У тебе є приятель? [u 'tɛbɛ ɛ 'prijatɛlʲ?]
J'ai un copain.	У мене є друг. [u 'mɛnɛ ɛ druɦ.]
As-tu une copine?	У тебе є подружка? [u 'tɛbɛ ɛ 'pɔduʒka?]
J'ai une copine.	У мене є дівчина. [u 'mɛnɛ ɛ 'diwtʃina.]

Est-ce que je peux te revoir?	Ми ще зустрінемося? [mɨ ɕɛ zu'strinɛmosʲa?]
Est-ce que je peux t'appeler?	Чи можна тобі подзвонити? [tʃɨ 'mɔʒna to'bi zatɛlɛfonu'watɨ?]
Appelle-moi.	Подзвони мені. [podzwo'nɨ mɛ'ni.]
Quel est ton numéro?	Який у тебе номер? [ja'kɨj u 'tɛbɛ 'nɔmɛr?]
Tu me manques.	Я сумую за тобою. [ja su'muʲu za to'bɔʲu.]

Vous avez un très beau nom.	У вас дуже гарне ім'я. [u was 'duʒɛ 'ɦarnɛ i'mʲʲa.]
Je t'aime.	Я тебе кохаю. [ja tɛbɛ ko'haʲu.]
Veux-tu te marier avec moi?	Виходь за мене. [wɨ'ɦɔdʲ za 'mɛnɛ.]
Vous plaisantez!	Ви жартуєте! [wɨ ʒar'tuɛtɛ!]
Je plaisante.	Я просто жартую. [ja 'prɔsto ʒar'tuʲu.]

Êtes-vous sérieux /sérieuse/?	Ви серйозно? [wɨ sɛrʲjozno?]
Je suis sérieux /sérieuse/	Я серйозно. [ja sɛrʲjozno.]
Vraiment?!	Справді?! ['sprawdi?!]
C'est incroyable!	Це неймовірно! [tsɛ nɛjmo'wirno]
Je ne vous crois pas.	Я вам не вірю. [ja wam nɛ 'wirʲu.]
Je ne peux pas.	Я не можу. [ja nɛ 'mɔʒu.]
Je ne sais pas.	Я не знаю. [ja nɛ 'znaʲu.]

Je ne vous comprends pas	**Я вас не розумію.** [ja was nɛ rozu'mi‌ʲu.]
Laissez-moi! Allez-vous-en!	**Ідіть, будь ласка.** [i'ditʲ, budʲ 'laska.]
Laissez-moi tranquille!	**Залиште мене в спокої!** [za'liʃtɛ mɛ'nɛ w 'spɔkoi!]

Je ne le supporte pas.	**Я його терпіти не можу.** [ja ʲo'ɦɔ tɛr'piti nɛ 'mɔʒu.]
Vous êtes dégoûtant!	**Ви огидні!** [wɨ o'ɦidni!]
Je vais appeler la police!	**Я викличу поліцію!** [ja 'wɨklɨtʃu po'litsiʲu!]

Partager des impressions. Émotions

J'aime ça.	Мені це подобається. [mɛ'ni tsɛ po'dɔbaɛtʲsʲa.]
C'est gentil.	Дуже мило. ['duʒɛ 'mɨlo.]
C'est super!	Це чудово! [tsɛ tʃu'dɔwo!]
C'est assez bien.	Це непогано. [tsɛ nɛpo'ɦano.]
Je n'aime pas ça.	Мені це не подобається. [mɛ'ni tsɛ nɛ po'dɔbaɛtʲsʲa.]
Ce n'est pas bien.	Це недобре. [tsɛ nɛ'dobrɛ.]
C'est mauvais.	Це погано. [tsɛ po'ɦano.]
Ce n'est pas bien du tout.	Це дуже погано. [tsɛ 'duʒɛ po'ɦano.]
C'est dégoûtant.	Це огидно. [tsɛ o'ɦɨdno.]
Je suis content /contente/	Я щасливий /щаслива/. [ja ɕas'lɨwɨj /ɕas'lɨwa/.]
Je suis heureux /heureuse/	Я задоволений /задоволена/. [ja zado'wɔlɛnɨj /zado'wɔlɛna/.]
Je suis amoureux /amoureuse/	Я закоханий /закохана/. [ja za'kɔhanɨj /za'kɔhana/.]
Je suis calme.	Я спокійний /спокійна/. [ja spo'kijnɨj /spo'kijna/.]
Je m'ennuie.	Мені нудно. [mɛ'ni 'nudno.]
Je suis fatigué /fatiguée/	Я втомився /втомилася/. [ja wto'mɨwsʲa /wto'mɨlasʲa/.]
Je suis triste.	Мені сумно. [mɛ'ni 'sumno.]
J'ai peur.	Я наляканий /налякана/. [ja na'lʲakanɨj /na'lʲakana/.]
Je suis fâché /fâchée/	Я злюся. [ja 'zlʲusʲa.]
Je suis inquiet /inquiète/	Я хвилююся. [ja hwɨ'lʲuʲusʲa.]
Je suis nerveux /nerveuse/	Я нервую. [ja nɛr'wuʲu.]

Je suis jaloux /jalouse/	**Я заздрю.** [ja 'zazdrʲu.]
Je suis surpris /surprise/	**Я здивований /здивована/.** [ja zdiˈwɔwanij /zdiˈwɔwana/.]
Je suis gêné /gênée/	**Я спантеличений /спантеличена/.** [ja spantɛˈlitʃɛnij /spantɛˈlitʃɛna/.]

Problèmes. Accidents

J'ai un problème.	**В мене проблема.** [w 'mɛnɛ prob'lɛma.]
Nous avons un problème.	**У нас проблема.** [u nas prob'lɛma.]
Je suis perdu /perdue/	**Я заблукав /заблукала/.** [ja zablu'kaw /zablu'kala/.]
J'ai manqué le dernier bus (train).	**Я запізнився на останній автобус (поїзд).** [ja zapiz'niwsʲa na os'tanij aw'tɔbus ('pɔizd).]
Je n'ai plus d'argent.	**У мене зовсім не залишилося грошей.** [u 'mɛnɛ 'zɔwsim nɛ za'lɨʃɨlosʲa 'hrɔʃɛj.]

J'ai perdu mon ...	**Я загубив /загубила/ ...** [ja zahu'bɨw /zahu'bɨla/ ...]
On m'a volé mon ...	**В мене вкрали ...** [w 'mɛnɛ 'wkralɨ ...]
passeport	**паспорт** ['pasport]
portefeuille	**гаманець** [hama'nɛts]
papiers	**документи** [doku'mɛnti]
billet	**квиток** [kwɨ'tɔk]
argent	**гроші** ['hrɔʃi]
sac à main	**сумку** ['sumku]
appareil photo	**фотоапарат** [fotoapa'rat]
portable	**ноутбук** [nout'buk]
ma tablette	**планшет** [plan'ʃɛt]
mobile	**телефон** [tɛlɛ'fɔn]

Au secours!	**Допоможіть!** [dopomo'ʒitʲ]
Qu'est-il arrivé?	**Що трапилося?** [ɕo 'trapɨlosʲa?]

un incendie	пожежа [poˈʒɛʒa]
des coups de feu	стрілянина [strilʲaˈnɪna]
un meurtre	вбивство [ˈwbɪwstwo]
une explosion	вибух [ˈwɪbuh]
une bagarre	бійка [ˈbijka]

Appelez la police!	Викличте поліцію! [ˈwɪklɪtʃtɛ poˈlitsʲiʲu!]
Dépêchez-vous, s'il vous plaît!	Будь ласка, швидше! [budʲ ˈlaska, ˈʃwɪdʃɛ!]
Je cherche le commissariat de police.	Я шукаю поліцейську дільницю. [ja ʃuˈkaʲu poliˈtsɛjsʲku dilʲˈnɪtsʲu.]
Il me faut faire un appel.	Мені треба зателефонувати. [mɛˈni ˈtrɛba zatɛlɛfonuˈwatɪ.]
Puis-je utiliser votre téléphone?	Чи можна мені зателефонувати? [tʃɨ ˈmɔʒna mɛˈni zatɛlɛfonuˈwatɪ?]

J'ai été …	Мене ... [mɛˈnɛ …]
agressé /agressée/	пограбували [pohrabuˈwalɪ]
volé /volée/	обікрали [obiˈkralɪ]
violée	зґвалтували [zgwaltuˈwalɪ]
attaqué /attaquée/	побили [poˈbɪlɪ]

Est-ce que ça va?	З вами все гаразд? [z ˈwamɨ wsɛ haˈrazd?]
Avez-vous vu qui c'était?	Ви бачили, хто це був? [wɨ ˈbatʃɨlɪ, hto tsɛ buw?]
Pourriez-vous reconnaître cette personne?	Ви зможете його впізнати? [wɨ ˈzmɔʒɛtɛ ʲoˈhɔ wpizˈnatɪ?]
Vous êtes sûr?	Ви точно впевнені? [wɨ ˈtɔtʃno ˈwpɛwnɛni?]

Calmez-vous, s'il vous plaît.	Будь ласка, заспокойтеся. [budʲ ˈlaska, zaspoˈkɔjtɛsʲa.]
Calmez-vous!	Спокійніше! [spokijˈniʃɛ!]
Ne vous inquiétez pas.	Не турбуйтесь. [nɛ turˈbujtɛsʲ.]
Tout ira bien.	Все буде добре. [wsɛ ˈbudɛ ˈdɔbrɛ.]
Ça va. Tout va bien.	Все гаразд. [wsɛ haˈrazd.]

Venez ici, s'il vous plaît.	**Підійдіть, будь ласка.** [pidijˈditʲ, budʲ ˈlaska.]
J'ai des questions à vous poser.	**У мене до вас кілька запитань.** [u ˈmɛnɛ do was ˈkilʲka zapiˈtanʲ.]
Attendez un moment, s'il vous plaît.	**Зачекайте, будь ласка.** [zat͡ʃɛˈkajtɛ, budʲ ˈlaska.]
Avez-vous une carte d'identité?	**У вас є документи?** [u was ˈɛ dokuˈmɛnti?]
Merci. Vous pouvez partir maintenant.	**Дякую. Ви можете йти.** [ˈdʲakuʲu. wɨ ˈmɔʒɛtɛ jtɨ.]
Les mains derrière la tête!	**Руки за голову!** [ˈruki za ˈɦolowu!]
Vous êtes arrêté!	**Ви заарештовані!** [wɨ zaarɛʃtɔwani!]

Problèmes de santé

Aidez-moi, s'il vous plaît.	**Допоможіть, будь ласка.** [dopomoˈʒitʲ, budʲ ˈlaska.]
Je ne me sens pas bien.	**Мені погано.** [mɛˈni poˈɦano.]
Mon mari ne se sent pas bien.	**Моєму чоловікові погано.** [moˈɛmu ʧoloˈwikowi poˈɦano.]
Mon fils ...	**Моєму сину ...** [moˈɛmu ˈsinu ...]
Mon père ...	**Моєму батькові ...** [moˈɛmu ˈbatʲkowi ...]
Ma femme ne se sent pas bien.	**Моїй дружині погано.** [moˈij druˈʒini poˈɦano.]
Ma fille ...	**Моїй дочці ...** [moˈij doʧˈtsi ...]
Ma mère ...	**Моїй матері ...** [moˈij ˈmatɛri ...]
J'ai mal ...	**У мене болить ...** [u ˈmɛnɛ boˈlitʲ ...]
à la tête	**голова** [ɦoloˈwa]
à la gorge	**горло** [ˈɦɔrlo]
à l'estomac	**живіт** [ʒiˈwit]
aux dents	**зуб** [zub]
J'ai le vertige.	**У мене паморочиться голова.** [u ˈmɛnɛ ˈpamoroʧitʲsʲa ɦoloˈwa.]
Il a de la fièvre.	**У нього температура.** [u ˈnjoɦo tɛmpɛraˈtura.]
Elle a de la fièvre.	**У неї температура.** [u nɛi tɛmpɛraˈtura.]
Je ne peux pas respirer.	**Я не можу дихати.** [ja nɛ ˈmɔʒu ˈdihati.]
J'ai du mal à respirer.	**Я задихаюсь.** [ja zadiˈhajusʲ.]
Je suis asthmatique.	**Я астматик.** [ja astˈmatik.]
Je suis diabétique.	**Я діабетик.** [ja diaˈbɛtik.]

Je ne peux pas dormir.	В мене безсоння. [w 'mɛnɛ bɛz'sɔnʲa.]
intoxication alimentaire	харчове отруєння [hartʃo'wɛ ot'ruɛnʲa]

Ça fait mal ici.	Болить ось тут. [bo'litʲ osʲ tut.]
Aidez-moi!	Допоможіть! [dopomo'ʒitʲ!]
Je suis ici!	Я тут! [ja tut!]
Nous sommes ici!	Ми тут! [mɨ tut!]
Sortez-moi d'ici!	Витягніть мене! ['witʲaɦnitʲ mɛ'nɛ!]
J'ai besoin d'un docteur.	Мені потрібен лікар. [mɛ'ni po'tribɛn 'likar.]
Je ne peux pas bouger!	Я не можу рухатися. [ja nɛ 'mɔʒu 'ruhatisʲa.]
Je ne peux pas bouger mes jambes.	Я не відчуваю ніг. [ja nɛ widtʃu'waʲu niɦ.]

Je suis blessé /blessée/	Я поранений /поранена/. [ja po'ranɛnɨj /po'ranɛna/.]
Est-ce que c'est sérieux?	Це серйозно? [tsɛ sɛr'jozno?]
Mes papiers sont dans ma poche.	Мої документи в кишені. [mo'i doku'mɛntɨ w ki'ʃɛni.]
Calmez-vous!	Заспокойтеся! [zaspo'kɔjtɛsʲa!]
Puis-je utiliser votre téléphone?	Чи можна мені зателефонувати? [tʃɨ 'mɔʒna mɛ'ni zatɛlɛfonu'wati?]

Appelez une ambulance!	Викличте швидку! ['wɨklɨtʃtɛ ʃwɨd'ku!]
C'est urgent!	Це терміново! [tsɛ tɛrmi'nɔwo!]
C'est une urgence!	Це дуже терміново! [tsɛ 'duʒɛ tɛrmi'nɔwo!]
Dépêchez-vous, s'il vous plaît!	Будь ласка, швидше! [budʲ 'laska, 'ʃwɨdʃɛ!]
Appelez le docteur, s'il vous plaît.	Викличте лікаря, будь ласка. ['wɨklɨtʃtɛ 'likarʲa, budʲ 'laska.]
Où est l'hôpital?	Скажіть, де лікарня? [ska'ʒitʲ, dɛ li'karnʲa?]

Comment vous sentez-vous?	Як ви себе почуваєте? [jak wɨ sɛ'bɛ potʃu'waɛtɛ?]
Est-ce que ça va?	З вами все гаразд? [z 'wamɨ wsɛ ɦa'razd?]
Qu'est-il arrivé?	Що трапилося? [ɕo 'trapɨlosʲa?]

Je me sens mieux maintenant.	**Мені вже краще.** [mɛ'ni wʒɛ 'kraɕɛ.]
Ça va. Tout va bien.	**Все гаразд.** [wsɛ ɦa'razd.]
Ça va.	**Все добре.** [wsɛ 'dɔbrɛ.]

À la pharmacie

pharmacie	**аптека** [ap'tɛka]
pharmacie 24 heures	**цілодобова аптека** [tsilodo'bowa ap'tɛka]
Où se trouve la pharmacie la plus proche?	**Де найближча аптека?** [dɛ najb'liʒtʃa ap'tɛka?]
Est-elle ouverte en ce moment?	**Вона зараз відкрита?** [wo'na 'zaraz wid'krita?]
À quelle heure ouvre-t-elle?	**О котрій вона відкривається?** [o kot'rij wo'na widkri'waɛtsʲa?]
à quelle heure ferme-t-elle?	**До котрої години вона працює?** [do ko'trɔi ɦo'dini wo'na pra'tsʲuɛ?]
C'est loin?	**Це далеко?** [tsɛ da'lɛko?]
Est-ce que je peux y aller à pied?	**Я дійду туди пішки?** [ja dij'du tu'di 'piʃki?]
Pouvez-vous me le montrer sur la carte?	**Покажіть мені на карті, будь ласка.** [poka'ʒitʲ mɛ'ni na 'karti, budʲ 'laska.]
Pouvez-vous me donner quelque chose contre ...	**Дайте мені, що-небудь від ...** ['dajtɛ mɛ'ni, ɕo-'nɛbudʲ wid ...]
le mal de tête	**головного болю** [ɦolow'noɦo 'bɔlʲu]
la toux	**кашлю** ['kaʃlʲu]
le rhume	**застуди** [za'studi]
la grippe	**грипу** ['ɦripu]
la fièvre	**температури** [tɛmpɛra'turi]
un mal d'estomac	**болю в шлунку** ['bɔlʲu w 'ʃlunku]
la nausée	**нудоти** [nu'dɔti]
la diarrhée	**діареї** [dia'rɛi]
la constipation	**запору** [za'pɔru]
un mal de dos	**біль у спині** ['bilʲ u spi'ni]

les douleurs de poitrine	біль у грудях ['bilʲ u 'hrudʲah]
les points de côté	біль у боці ['bilʲ u 'bɔtsi]
les douleurs abdominales	біль в животі ['bilʲ w ʒɨwo'ti]
une pilule	таблетка [tab'lɛtka]
un onguent, une crème	мазь, крем [mazʲ, krɛm]
un sirop	сироп [sɨ'rɔp]
un spray	спрей ['sprɛj]
les gouttes	краплі ['krapli]
Vous devez allez à l'hôpital.	Вам потрібно в лікарню. [wam po'tribno w li'karnʲu.]
assurance maladie	страховка [stra'hɔwka]
prescription	рецепт [rɛ'tsɛpt]
produit anti-insecte	засіб від комах ['zasib wid ko'mah]
bandages adhésifs	лейкопластир [lɛjko'plastɨr]

Les essentiels

Excusez-moi, ...	**Вибачте, ...** ['wɪbatʃtɛ, ...]
Bonjour	**Добрий день.** ['dɔbrij dɛnʲ.]
Merci	**Дякую.** ['dʲakuʲu.]
Au revoir	**До побачення.** [do po'batʃɛnʲa.]
Oui	**Так.** [tak.]
Non	**Ні.** [ni.]
Je ne sais pas.	**Я не знаю.** [ja nɛ 'znaʲu.]
Où? | Où? | Quand?	**Де? | Куди? | Коли?** [dɛ? | ku'dɨ? | ko'lɨ?]
J'ai besoin de ...	**Мені потрібен ...** [mɛ'ni po'tribɛn ...]
Je veux ...	**Я хочу ...** [ja 'hɔtʃu ...]
Avez-vous ... ?	**У вас є ...?** [u was 'ɛ ...?]
Est-ce qu'il y a ... ici?	**Тут є ...?** [tut ɛ ...?]
Puis-je ... ?	**Чи можна мені ...?** [tʃɨ 'mɔʒna mɛ'ni ...?]
s'il vous plaît (pour une demande)	**Будь ласка** [budʲ 'laska]
Je cherche ...	**Я шукаю ...** [ja ʃu'kaʲu ...]
les toilettes	**туалет** [tua'lɛt]
un distributeur	**банкомат** [banko'mat]
une pharmacie	**аптеку** [ap'tɛku]
l'hôpital	**лікарню** [li'karnʲu]
le commissariat de police	**поліцейську дільницю** [poliʲ'tsɛjsʲku dilʲ'nɨtsʲu]
une station de métro	**метро** [mɛt'rɔ]

un taxi	таксі [tak'si]
la gare	вокзал [wok'zal]

Je m'appelle ...	Мене звуть ... [mɛ'nɛ zwutʲ ...]
Comment vous appelez-vous?	Як вас звуть? [jak was 'zwutʲ?]
Aidez-moi, s'il vous plaît.	Допоможіть мені, будь ласка. [dopomo'ʒitʲ mɛ'ni, budʲ 'laska.]
J'ai un problème.	У мене проблема. [u 'mɛnɛ prob'lɛma.]
Je ne me sens pas bien.	Мені погано. [mɛ'ni po'ɦano.]
Appelez une ambulance!	Викличте швидку! ['wiklitʃtɛ ʃwid'ku!]
Puis-je faire un appel?	Чи можна мені зателефонувати? [tʃi 'mɔʒna mɛ'ni zatɛlɛfonu'wati?]

Excusez-moi.	Прошу вибачення ['prɔʃu 'wibatʃɛnʲa]
Je vous en prie.	Прошу ['prɔʃu]

je, moi	я [ja]
tu, toi	ти [ti]
il	він [win]
elle	вона [wo'na]
ils	вони [wo'ni]
elles	вони [wo'ni]
nous	ми [mi]
vous	ви [wi]
Vous	Ви [wi]

ENTRÉE	ВХІД [whid]
SORTIE	ВИХІД ['wihid]
HORS SERVICE | EN PANNE	НЕ ПРАЦЮЄ [nɛ pra'tsʲuɛ]
FERMÉ	ЗАКРИТО [za'krito]

OUVERT	**ВІДКРИТО** [wid'krito]
POUR LES FEMMES	**ДЛЯ ЖІНОК** [dlʲa ʒi'nɔk]
POUR LES HOMMES	**ДЛЯ ЧОЛОВІКІВ** [dlʲa tʃolowi'kiw]

VOCABULAIRE THÉMATIQUE

Cette section contient plus
de 3000 des mots les plus
importants. Le dictionnaire
sera d'une aide indispensable
lors de voyages à l'étranger
puisque les mots individuels
sont souvent assez pour être
compris. Le dictionnaire
comprend une transcription
utile de chaque mot

T&P Books Publishing

CONTENU DU DICTIONNAIRE

Concepts de base	75
Nombres. Divers	83
Les couleurs. Les unités de mesure	87
Les verbes les plus importants	91
La notion de temps. Le calendrier	97
Les voyages. L'hôtel	103
Les transports	107
La ville	113
Les vêtements & les accessoires	121
L'expérience quotidienne	127
Les repas. Le restaurant	135
Les données personnelles. La famille	145
Le corps humain. Les médicaments	149
L'appartement	157
La Terre. Le temps	163
La faune	175
La flore	183
Les pays du monde	189

T&P Books Publishing

CONCEPTS DE BASE

1. Les pronoms
2. Adresser des vœux. Se dire bonjour
3. Les questions
4. Les prépositions
5. Les mots-outils. Les adverbes. Partie 1
6. Les mots-outils. Les adverbes. Partie 2

T&P Books Publishing

1. Les pronoms

je	я	[ja]
tu	ти	[tɨ]
il	він	[win]
elle	вона	[wo'na]
nous	ми	[mɨ]
vous	ви	[wɨ]
ils, elles	вони	[wo'nɨ]

2. Adresser des vœux. Se dire bonjour

Bonjour! (fam.)	Здрастуй!	['zdrastuj]
Bonjour! (form.)	Здрастуйте!	['zdrastujtɛ]
Bonjour! (le matin)	Доброго ранку!	['dobroɦo 'ranku]
Bonjour! (après-midi)	Добрий день!	['dɔbrij dɛnʲ]
Bonsoir!	Добрий вечір!	['dɔbrij 'wɛtʃir]
dire bonjour	вітатися	[wi'tatisʲa]
Salut!	Привіт!	[pri'wit]
salut (m)	вітання (c)	[wi'tanʲa]
saluer (vt)	вітати	[wi'tati]
Comment ça va?	Як справи?	[jak 'sprawi]
Quoi de neuf?	Що нового?	[ɕo no'wɔɦo]
Au revoir!	До побачення!	[do po'batʃɛnʲa]
À bientôt!	До швидкої зустрічі!	[do ʃwid'kɔji 'zustritʃi]
Adieu! (fam.)	Прощавай!	[proɕa'waj]
Adieu! (form.)	Прощавайте!	[proɕa'wajtɛ]
dire au revoir	прощатися	[pro'ɕatisʲa]
Salut! (À bientôt!)	Бувай!	[bu'waj]
Merci!	Дякую!	['dʲakuʲu]
Merci beaucoup!	Щиро дякую!	['ɕiro 'dʲakuʲu]
Je vous en prie	Будь ласка.	[budʲ 'laska]
Il n'y a pas de quoi	Не варто подяки	[nɛ 'warto po'dʲaki]
Pas de quoi	Нема за що.	[nɛ'ma za ɕo]
Excuse-moi!	Вибач!	['wɨbatʃ]
Excusez-moi!	Вибачте!	['wɨbatʃtɛ]
excuser (vt)	вибачати	[wɨba'tʃati]
s'excuser (vp)	вибачатися	[wɨba'tʃatisʲa]

Mes excuses	Моє вибачення.	[mɔ'ɛ 'wɨbatʃɛnʲa]
Pardonnez-moi!	Вибачте!	['wɨbatʃtɛ]
pardonner (vt)	пробачати	[proba'tʃatɨ]
s'il vous plaît	будь ласка	[budʲ 'laska]
N'oubliez pas!	Не забудьте!	[nɛ za'budʲtɛ]
Bien sûr!	Звичайно!	[zwɨ'tʃajno]
Bien sûr que non!	Звичайно ні!	[zwɨ'tʃajno ni]
D'accord!	Згоден!	['zɦɔdɛn]
Ça suffit!	Досить!	['dɔsɨtʲ]

3. Les questions

Qui?	Хто?	[hto]
Quoi?	Що?	[ɕo]
Où? (~ es-tu?)	Де?	[dɛ]
Où? (~ vas-tu?)	Куди?	[ku'dɨ]
D'où?	Звідки?	['zwidkɨ]
Quand?	Коли?	[ko'lɨ]
Pourquoi? (~ es-tu venu?)	Навіщо?	[na'wiɕo]
Pourquoi? (~ t'es pâle?)	Чому?	[tʃo'mu]
À quoi bon?	Для чого?	[dlʲa 'tʃoɦo]
Comment?	Як?	[jak]
Quel? (à ~ prix?)	Який?	[ja'kɨj]
Lequel?	Котрий?	[kot'rɨj]
À qui? (pour qui?)	Кому?	[ko'mu]
De qui?	Про кого?	[pro 'kɔɦo]
De quoi?	Про що?	[pro ɕo]
Avec qui?	З ким?	[z kɨm]
Combien?	Скільки?	['skilʲkɨ]
À qui? (~ est ce livre?)	Чий?	[tʃɨj]

4. Les prépositions

avec (~ toi)	з	[z]
sans (~ sucre)	без	[bɛz]
à (aller ~ ...)	в	[w]
de (au sujet de)	про	[pro]
avant (~ midi)	перед	['pɛrɛd]
devant (~ la maison)	перед	['pɛrɛd]
sous (~ la commode)	під	[pid]
au-dessus de ...	над	[nad]
sur (dessus)	над	[nad]
de (venir ~ Paris)	з	[z]

en (en bois, etc.)	з	[z]
dans (~ deux heures)	за	[za]
par dessus	через	['tʃɛrɛz]

5. Les mots-outils. Les adverbes. Partie 1

Où? (~ es-tu?)	Де?	[dɛ]
ici (c'est ~)	тут	[tut]
là-bas (c'est ~)	там	[tam]

| quelque part (être) | десь | [dɛsʲ] |
| nulle part (adv) | ніде | [niˈdɛ] |

| près de ... | біля | [ˈbilʲa] |
| près de la fenêtre | біля вікна | [ˈbilʲa wikˈna] |

Où? (~ vas-tu?)	Куди?	[kuˈdɨ]
ici (Venez ~)	сюди	[sʲuˈdɨ]
là-bas (j'irai ~)	туди	[tuˈdɨ]
d'ici (adv)	звідси	[ˈzwidsɨ]
de là-bas (adv)	звідти	[ˈzwidtɨ]

| près (pas loin) | близько | [ˈblizʲko] |
| loin (adv) | далеко | [daˈlɛko] |

près de (~ Paris)	біля	[ˈbilʲa]
tout près (adv)	поряд	[ˈporʲad]
pas loin (adv)	недалеко	[nɛdaˈlɛko]

gauche (adj)	лівий	[ˈliwɨj]
à gauche (être ~)	зліва	[ˈzliwa]
à gauche (tournez ~)	ліворуч	[liˈworutʃ]

droit (adj)	правий	[ˈprawɨj]
à droite (être ~)	справа	[ˈsprawa]
à droite (tournez ~)	праворуч	[praˈworutʃ]

devant (adv)	спереду	[ˈspɛrɛdu]
de devant (adj)	передній	[pɛˈrɛdnij]
en avant (adv)	уперед	[upɛˈrɛd]

derrière (adv)	позаду	[poˈzadu]
par derrière (adv)	ззаду	[ˈzzadu]
en arrière (regarder ~)	назад	[naˈzad]

| milieu (m) | середина (ж) | [sɛˈrɛdɨna] |
| au milieu (adv) | посередині | [posɛˈrɛdɨni] |

| de côté (vue ~) | збоку | [ˈzbɔku] |
| partout (adv) | скрізь | [skrizʲ] |

autour (adv)	навколо	[naw'kɔlo]
de l'intérieur	зсередини	[zsɛ'rɛdinɨ]
quelque part (aller)	кудись	[ku'disʲ]
tout droit (adv)	напрямки	[naprʲam'kɨ]
en arrière (revenir ~)	назад	[na'zad]
de quelque part (n'import d'où)	звідки-небудь	['zwidkɨ 'nɛbudʲ]
de quelque part (on ne sait pas d'où)	звідкись	['zwidkisʲ]
premièrement (adv)	по-перше	[po 'pɛrʃɛ]
deuxièmement (adv)	по-друге	[po 'druɦɛ]
troisièmement (adv)	по-третє	[po t'rɛtɛ]
soudain (adv)	раптом	['raptom]
au début (adv)	спочатку	[spo'tʃatku]
pour la première fois	уперше	[u'pɛrʃɛ]
bien avant ...	задовго до ...	[za'dowɦo do]
de nouveau (adv)	заново	['zanowo]
pour toujours (adv)	назовсім	[na'zɔwsim]
jamais (adv)	ніколи	[ni'kɔlɨ]
de nouveau, encore (adv)	знову	['znɔwu]
maintenant (adv)	тепер	[tɛ'pɛr]
souvent (adv)	часто	['tʃasto]
alors (adv)	тоді	[to'di]
d'urgence (adv)	терміново	[tɛrmi'nɔwo]
d'habitude (adv)	звичайно	[zwɨ'tʃajno]
à propos, ...	до речі	[do 'rɛtʃi]
c'est possible	можливо	[mɔʒ'lɨwo]
probablement (adv)	мабуть	[ma'butʲ]
peut-être (adv)	може бути	['mɔʒɛ 'butɨ]
en plus, ...	крім того, ...	[krim 'tɔɦo]
c'est pourquoi ...	тому	[to'mu]
malgré ...	незважаючи на ...	[nɛzwa'ʒajutʃɨ na]
grâce à ...	завдяки ...	[zawdʲa'kɨ]
quoi (pron)	що	[ɕo]
que (conj)	що	[ɕo]
quelque chose (Il m'est arrivé ~)	щось	[ɕosʲ]
quelque chose (peut-on faire ~)	що-небудь	[ɕo 'nɛbudʲ]
rien (m)	нічого	[ni'tʃɔɦo]
qui (pron)	хто	[hto]
quelqu'un (on ne sait pas qui)	хтось	[htosʲ]
quelqu'un (n'importe qui)	хто-небудь	[hto 'nɛbudʲ]
personne (pron)	ніхто	[nih'tɔ]

nulle part (aller ~)	нікуди	['nikudɨ]
de personne	нічий	[ni'tʃij]
de n'importe qui	чий-небудь	[tʃij 'nɛbudʲ]
comme ça (adv)	так	[tak]
également (adv)	також	[ta'kɔʒ]
aussi (adv)	також	[ta'kɔʒ]

6. Les mots-outils. Les adverbes. Partie 2

Pourquoi?	Чому?	[tʃo'mu]
pour une certaine raison	чомусь	[tʃo'musʲ]
parce que …	тому, що …	[to'mu, ɕo …]
pour une raison quelconque	навіщось	[na'wiɕosʲ]
et (conj)	і	[i]
ou (conj)	або	[a'bɔ]
mais (conj)	але	[a'lɛ]
pour … (prep)	для	[dlʲa]
trop (adv)	занадто	[za'nadto]
seulement (adv)	тільки	['tilʲki]
précisément (adv)	точно	['tɔtʃno]
près de … (prep)	приблизно	[prɨb'lɨzno]
approximativement	приблизно	[prɨb'lɨzno]
approximatif (adj)	приблизний	[prɨb'lɨznɨj]
presque (adv)	майже	['majʒɛ]
reste (m)	решта (ж)	['rɛʃta]
chaque (adj)	кожен	['kɔʒɛn]
n'importe quel (adj)	будь-який	[budʲ ja'kɨj]
beaucoup (adv)	багато	[ba'ɦato]
plusieurs (pron)	багато хто	[ba'ɦato hto]
tous	всі	[wsi]
en échange de …	в обмін на …	[w 'ɔbmin na]
en échange (adv)	натомість	[na'tɔmistʲ]
à la main (adv)	вручну	[wrutʃ'nu]
peu probable (adj)	навряд чи	[naw'rʲad tʃi]
probablement (adv)	мабуть	[ma'butʲ]
exprès (adv)	навмисно	[naw'misno]
par accident (adv)	випадково	[wɨpad'kɔwo]
très (adv)	дуже	['duʒɛ]
par exemple (adv)	наприклад	[na'prɨklad]
entre (prep)	між	[miʒ]
parmi (prep)	серед	['sɛrɛd]

autant (adv)	**стільки**	['stilʲkɨ]
surtout (adv)	**особливо**	[osob'lɨwo]

NOMBRES. DIVERS

7. Les nombres cardinaux. Partie 1
8. Les nombres cardinaux. Partie 2
9. Les nombres ordinaux

T&P Books Publishing

7. Les nombres cardinaux. Partie 1

zéro	нуль	[nulʲ]
un	один	[oˈdin]
deux	два	[dwa]
trois	три	[trʲi]
quatre	чотири	[tʃoˈtʲirʲi]
cinq	п'ять	[pʲʲatʲ]
six	шість	[ʃistʲ]
sept	сім	[sim]
huit	вісім	[ˈwisim]
neuf	дев'ять	[ˈdɛwʲʲatʲ]
dix	десять	[ˈdɛsʲatʲ]
onze	одинадцять	[odʲiˈnadtsʲatʲ]
douze	дванадцять	[dwaˈnadtsʲatʲ]
treize	тринадцять	[trʲiˈnadtsʲatʲ]
quatorze	чотирнадцять	[tʃotirˈnadtsʲatʲ]
quinze	п'ятнадцять	[pʲʲatˈnadtsʲatʲ]
seize	шістнадцять	[ʃistˈnadtsʲatʲ]
dix-sept	сімнадцять	[simˈnadtsʲatʲ]
dix-huit	вісімнадцять	[wisimˈnadtsʲatʲ]
dix-neuf	дев'ятнадцять	[dɛwʲʲatˈnadtsʲatʲ]
vingt	двадцять	[ˈdwadtsʲatʲ]
vingt et un	двадцять один	[ˈdwadtsʲatʲ oˈdin]
vingt-deux	двадцять два	[ˈdwadtsʲatʲ dwa]
vingt-trois	двадцять три	[ˈdwadtsʲatʲ trʲi]
trente	тридцять	[ˈtrʲidtsʲatʲ]
trente et un	тридцять один	[ˈtrʲidtsʲatʲ oˈdin]
trente-deux	тридцять два	[ˈtrʲidtsʲatʲ dwa]
trente-trois	тридцять три	[ˈtrʲidtsʲatʲ trʲi]
quarante	сорок	[ˈsɔrok]
quarante et un	сорок один	[ˈsɔrok oˈdin]
quarante-deux	сорок два	[ˈsɔrok dwa]
quarante-trois	сорок три	[ˈsɔrok trʲi]
cinquante	п'ятдесят	[pʲʲatdɛˈsʲat]
cinquante et un	п'ятдесят один	[pʲʲatdɛˈsʲat oˈdin]
cinquante-deux	п'ятдесят два	[pʲʲatdɛˈsʲat dwa]
cinquante-trois	п'ятдесят три	[pʲʲatdɛˈsʲat trʲi]
soixante	шістдесят	[ʃizdɛˈsʲat]

soixante et un	шістдесят один	[ʃizdɛˈsʲat oˈdɨn]
soixante-deux	шістдесят два	[ʃizdɛˈsʲat dwa]
soixante-trois	шістдесят три	[ʃizdɛˈsʲat tri]
soixante-dix	сімдесят	[simdɛˈsʲat]
soixante et onze	сімдесят один	[simdɛˈsʲat odin]
soixante-douze	сімдесят два	[simdɛˈsʲat dwa]
soixante-treize	сімдесят три	[simdɛˈsʲat tri]
quatre-vingts	вісімдесят	[wisimdɛˈsʲat]
quatre-vingt et un	вісімдесят один	[wisimdɛˈsʲat oˈdɨn]
quatre-vingt deux	вісімдесят два	[wisimdɛˈsʲat dwa]
quatre-vingt trois	вісімдесят три	[wisimdɛˈsʲat tri]
quatre-vingt-dix	дев'яносто	[dɛwʲaˈnɔsto]
quatre-vingt et onze	дев'яносто один	[dɛwʲaˈnɔsto oˈdɨn]
quatre-vingt-douze	дев'яносто два	[dɛwʲaˈnɔsto dwa]
quatre-vingt-treize	дев'яносто три	[dɛwʲaˈnɔsto tri]

8. Les nombres cardinaux. Partie 2

cent	сто	[sto]
deux cents	двісті	[ˈdwisti]
trois cents	триста	[ˈtrista]
quatre cents	чотириста	[tʃoˈtirista]
cinq cents	п'ятсот	[pʲaˈtsɔt]
six cents	шістсот	[ʃistˈsɔt]
sept cents	сімсот	[simˈsɔt]
huit cents	вісімсот	[wisimˈsɔt]
neuf cents	дев'ятсот	[dɛwʲaˈtsɔt]
mille	тисяча	[ˈtisʲatʃa]
deux mille	дві тисячі	[dwi ˈtisʲatʃi]
trois mille	три тисячі	[tri ˈtisʲatʃi]
dix mille	десять тисяч	[ˈdɛsʲatʲ ˈtisʲatʃ]
cent mille	сто тисяч	[sto ˈtisʲatʃ]
million (m)	мільйон (ч)	[milʲˈjɔn]
milliard (m)	мільярд (ч)	[miˈljard]

9. Les nombres ordinaux

premier (adj)	перший	[ˈpɛrʃij]
deuxième (adj)	другий	[ˈdruɦij]
troisième (adj)	третій	[ˈtrɛtij]
quatrième (adj)	четвертий	[tʃɛtˈwɛrtij]
cinquième (adj)	п'ятий	[ˈpʲatij]
sixième (adj)	шостий	[ˈʃɔstij]

septième (adj)	**сьомий**	['sʲɔmɨj]
huitième (adj)	**восьмий**	['wɔsʲmɨj]
neuvième (adj)	**дев'ятий**	[dɛ'wʲatɨj]
dixième (adj)	**десятий**	[dɛ'sʲatɨj]

LES COULEURS.
LES UNITÉS DE MESURE

10. Les couleurs
11. Les unités de mesure
12. Les récipients

T&P Books Publishing

10. Les couleurs

couleur (f)	колір (ч)	['kɔlir]
teinte (f)	відтінок (ч)	[wid'tinok]
ton (m)	тон (ч)	[ton]
arc-en-ciel (m)	веселка (ж)	[wɛ'sɛlka]
blanc (adj)	білий	['bilij]
noir (adj)	чорний	['tʃɔrnij]
gris (adj)	сірий	['sirij]
vert (adj)	зелений	[zɛ'lɛnij]
jaune (adj)	жовтий	['ʒɔwtij]
rouge (adj)	червоний	[tʃɛr'wɔnij]
bleu (adj)	синій	['sinij]
bleu clair (adj)	блакитний	[bla'kitnij]
rose (adj)	рожевий	[ro'ʒɛwij]
orange (adj)	помаранчевий	[poma'rantʃɛwij]
violet (adj)	фіолетовий	[fio'lɛtowij]
brun (adj)	коричневий	[ko'ritʃnɛwij]
d'or (adj)	золотий	[zolo'tij]
argenté (adj)	сріблястий	[srib'lʲastij]
beige (adj)	бежевий	['bɛʒɛwij]
crème (adj)	кремовий	['krɛmowij]
turquoise (adj)	бірюзовий	[birʲu'zɔwij]
rouge cerise (adj)	вишневий	[wiʃ'nɛwij]
lilas (adj)	бузковий	[buz'kɔwij]
framboise (adj)	малиновий	[ma'linowij]
clair (adj)	світлий	['switlij]
foncé (adj)	темний	['tɛmnij]
vif (adj)	яскравий	[jas'krawij]
de couleur (adj)	кольоровий	[kolʲo'rɔwij]
en couleurs (adj)	кольоровий	[kolʲo'rɔwij]
noir et blanc (adj)	чорно-білий	['tʃɔrno 'bilij]
unicolore (adj)	однобарвний	[odno'barwnij]
multicolore (adj)	різнобарвний	[rizno'barwnij]

11. Les unités de mesure

poids (m)	вага (ж)	[wa'ɦa]
longueur (f)	довжина (ж)	[dowʒi'na]

largeur (f)	ширина (ж)	[ʃiri'na]
hauteur (f)	висота (ж)	[wiso'ta]
profondeur (f)	глибина (ж)	[ɦlibi'na]
volume (m)	об'єм (ч)	[o'bʲɛm]
aire (f)	площа (ж)	['plɔɕa]

gramme (m)	грам (ч)	[ɦram]
milligramme (m)	міліграм (ч)	[mili'ɦram]
kilogramme (m)	кілограм (ч)	[kilo'ɦram]
tonne (f)	тонна (ж)	['tɔna]
livre (f)	фунт (ч)	['funt]
once (f)	унція (ж)	['untsʲʲa]

mètre (m)	метр (ч)	[mɛtr]
millimètre (m)	міліметр (ч)	[mili'mɛtr]
centimètre (m)	сантиметр (ч)	[santi'mɛtr]
kilomètre (m)	кілометр (ч)	[kilo'mɛtr]
mille (m)	миля (ж)	['miɫʲa]

pouce (m)	дюйм (ч)	[dʲujm]
pied (m)	фут (ч)	[fut]
yard (m)	ярд (ч)	[jard]

mètre (m) carré	квадратний метр (ч)	[kwad'ratnij mɛtr]
hectare (m)	гектар (ч)	[ɦɛk'tar]
litre (m)	літр (ч)	[litr]
degré (m)	градус (ч)	['ɦradus]
volt (m)	вольт (ч)	[woʎt]
ampère (m)	ампер (ч)	[am'pɛr]
cheval-vapeur (m)	кінська сила (ж)	['kinsʲka 'siɫa]

quantité (f)	кількість (ж)	['kiʎkistʲ]
un peu de ...	небагато ...	[nɛba'ɦato]
moitié (f)	половина (ж)	[polo'wina]
douzaine (f)	дюжина (ж)	['dʲuʒina]
pièce (f)	штука (ж)	['ʃtuka]

dimension (f)	розмір (ч)	['rɔzmir]
échelle (f) (de la carte)	масштаб (ч)	[maʃ'tab]

minimal (adj)	мінімальний	[mini'maʎnij]
le plus petit (adj)	найменший	[naj'mɛnʃij]
moyen (adj)	середній	[sɛ'rɛdnij]
maximal (adj)	максимальний	[maksi'maʎnij]
le plus grand (adj)	найбільший	[naj'biʎʃij]

12. Les récipients

bocal (m) en verre	банка (ж)	['banka]
boîte, canette (f)	банка (ж)	['banka]

seau (m)	відро (с)	[wid'rɔ]
tonneau (m)	бочка (ж)	['bɔtʃka]
bassine, cuvette (f)	таз (ч)	[taz]
cuve (f)	бак (ч)	[bak]
flasque (f)	фляжка (ж)	['flʲaʒka]
jerrican (m)	каністра (ж)	[ka'nistra]
citerne (f)	цистерна (ж)	[tsis'tɛrna]
tasse (f), mug (m)	кухоль (ч)	['kuholʲ]
tasse (f)	чашка (ж)	['tʃaʃka]
soucoupe (f)	блюдце (с)	['blʲudtsɛ]
verre (m) (~ d'eau)	склянка (ж)	['sklʲanka]
verre (m) à vin	келих (ч)	['kɛlɨh]
faitout (m)	каструля (ж)	[kas'trulʲa]
bouteille (f)	пляшка (ж)	['plʲaʃka]
goulot (m)	шийка (ж)	['ʃijka]
carafe (f)	карафа (ж)	[ka'rafa]
pichet (m)	глечик (ч)	['ɦlɛtʃik]
récipient (m)	посудина (ж)	[po'sudina]
pot (m)	горщик (ч)	['ɦɔrɕik]
vase (m)	ваза (ж)	['waza]
flacon (m)	флакон (ч)	[fla'kɔn]
fiole (f)	пляшечка (ж)	['plʲaʃɛtʃka]
tube (m)	тюбик (ч)	['tʲubik]
sac (m) (grand ~)	мішок (ч)	[mi'ʃɔk]
sac (m) (~ en plastique)	пакет (ч)	[pa'kɛt]
paquet (m) (~ de cigarettes)	пачка (ж)	['patʃka]
boîte (f)	коробка (ж)	[ko'rɔbka]
caisse (f)	ящик (ч)	['jaɕik]
panier (m)	кошик (ч)	['kɔʃik]

LES VERBES
LES PLUS IMPORTANTS

13. Les verbes les plus importants. Partie 1
14. Les verbes les plus importants. Partie 2
15. Les verbes les plus importants. Partie 3
16. Les verbes les plus importants. Partie 4

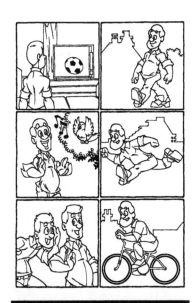

T&P Books Publishing

13. Les verbes les plus importants. Partie 1

aider (vt)	допомагати	[dopoma'ɦati]
aimer (qn)	кохати	[ko'hati]
aller (à pied)	йти	[jti]
apercevoir (vt)	помічати	[pomi'tʃati]
appartenir à …	належати	[na'lɛʒati]
appeler (au secours)	кликати	['klikati]
attendre (vt)	чекати	[tʃɛ'kati]
attraper (vt)	ловити	[lo'witi]
avertir (vt)	попереджувати	[popɛ'rɛdʒuwati]
avoir (vt)	мати	['mati]
avoir confiance	довіряти	[dowi'rʲati]
avoir faim	хотіти їсти	[ho'titɨ 'jɨsti]
avoir peur	боятися	[bo'ʲatisʲa]
avoir soif	хотіти пити	[ho'titɨ 'pitɨ]
cacher (vt)	ховати	[ho'wati]
casser (briser)	ламати	[la'mati]
cesser (vt)	припиняти	[pripi'nʲati]
changer (vt)	поміняти	[pomi'nʲati]
chasser (animaux)	полювати	[polʲu'wati]
chercher (vt)	шукати	[ʃu'kati]
choisir (vt)	вибирати	[wɨbɨ'rati]
commander (~ le menu)	замовляти	[zamow'lʲati]
commencer (vt)	починати	[potʃɨ'nati]
comparer (vt)	зрівнювати	['zriwnʲuwati]
comprendre (vt)	розуміти	[rozu'miti]
compter (dénombrer)	лічити	[li'tʃiti]
compter sur …	розраховувати на …	[rozra'ɦowuwatɨ na]
confondre (vt)	помилятися	[pomi'lʲatisʲa]
connaître (qn)	знати	['znati]
conseiller (vt)	радити	['raditi]
continuer (vt)	продовжувати	[pro'dɔwʒuwati]
contrôler (vt)	контролювати	[kontrolʲu'wati]
courir (vi)	бігти	['biɦti]
coûter (vt)	коштувати	['kɔʃtuwati]
créer (vt)	створити	[stwo'riti]
creuser (vt)	рити	['riti]
crier (vi)	кричати	[kri'tʃati]

14. Les verbes les plus importants. Partie 2

décorer (~ la maison)	прикрашати	[prikra'ʃati]
défendre (vt)	захищати	[zahi'ɕati]
déjeuner (vi)	обідати	[o'bidati]
demander (~ l'heure)	запитувати	[za'pɨtuwati]
demander (de faire qch)	просити	[pro'siti]
descendre (vi)	спускатися	[spus'katisʲa]
deviner (vt)	відгадати	[widha'dati]
dîner (vi)	вечеряти	[wɛ'tʃɛrʲati]
dire (vt)	сказати	[ska'zati]
diriger (~ une usine)	керувати	[kɛru'wati]
discuter (vt)	обговорювати	[obɦo'worʲuwati]
donner (vt)	давати	[da'wati]
donner un indice	натякати	[natʲa'kati]
douter (vt)	сумніватися	[sumni'watisʲa]
écrire (vt)	писати	[pɨ'sati]
entendre (bruit, etc.)	чути	['tʃuti]
entrer (vi)	входити	['whoditi]
envoyer (vt)	відправляти	[widpraw'lʲati]
espérer (vi)	сподіватися	[spodi'watisʲa]
essayer (vt)	пробувати	['prɔbuwati]
être (vi)	бути	['buti]
être d'accord	погоджуватися	[po'ɦodʒuwatisʲa]
être nécessaire	бути потрібним	['buti po'tribnɨm]
être pressé	поспішати	[pospi'ʃati]
étudier (vt)	вивчати	[wiw'tʃati]
exiger (vt)	вимагати	[wima'hati]
exister (vi)	існувати	[isnu'wati]
expliquer (vt)	пояснювати	[poʲasnʲuwati]
faire (vt)	робити	[ro'bɨti]
faire tomber	упускати	[upus'kati]
finir (vt)	закінчувати	[za'kintʃuwati]
garder (conserver)	зберігати	[zbɛri'hati]
gronder, réprimander (vt)	лаяти	['laʲati]
informer (vt)	інформувати	[informu'wati]
insister (vi)	наполягати	[napolʲa'hati]
insulter (vt)	ображати	[obra'ʒati]
inviter (vt)	запрошувати	[za'proʃuwati]
jouer (s'amuser)	грати	['ɦrati]

15. Les verbes les plus importants. Partie 3

libérer (ville, etc.)	звільняти	[zwiliˈnʲati]
lire (vi, vt)	читати	[tʃiˈtati]
louer (prendre en location)	наймати	[najˈmati]
manquer (l'école)	пропускати	[propusˈkati]
menacer (vt)	погрожувати	[poɦˈrɔʒuwati]
mentionner (vt)	згадувати	[ˈzɦaduwati]
montrer (vt)	показувати	[poˈkazuwati]
nager (vi)	плавати	[ˈplawati]
objecter (vt)	заперечувати	[zapɛˈrɛtʃuwati]
observer (vt)	спостерігати	[spostɛriˈɦati]
ordonner (mil.)	наказувати	[naˈkazuwati]
oublier (vt)	забувати	[zabuˈwati]
ouvrir (vt)	відчинити	[widtʃiˈniti]
pardonner (vt)	прощати	[proˈɕati]
parler (vi, vt)	розмовляти	[rozmowˈlʲati]
participer à …	брати участь	[ˈbrati ˈutʃastʲ]
payer (régler)	платити	[plaˈtiti]
penser (vi, vt)	думати	[ˈdumati]
permettre (vt)	дозволяти	[dozwoˈlʲati]
plaire (être apprécié)	подобатися	[poˈdobatisʲa]
plaisanter (vi)	жартувати	[ʒartuˈwati]
planifier (vt)	планувати	[planuˈwati]
pleurer (vi)	плакати	[ˈplakati]
posséder (vt)	володіти	[woloˈditi]
pouvoir (v aux)	могти	[moɦˈti]
préférer (vt)	воліти	[woˈliti]
prendre (vt)	брати	[ˈbrati]
prendre en note	записувати	[zaˈpisuwati]
prendre le petit déjeuner	снідати	[ˈsnidati]
préparer (le dîner)	готувати	[ɦotuˈwati]
prévoir (vt)	передбачити	[pɛrɛdˈbatʃiti]
prier (~ Dieu)	молитися	[moˈlitisʲa]
promettre (vt)	обіцяти	[obiˈtsʲati]
prononcer (vt)	вимовляти	[wimowˈlʲati]
proposer (vt)	пропонувати	[proponuˈwati]
punir (vt)	покарати	[pokaˈrati]

16. Les verbes les plus importants. Partie 4

recommander (vt)	рекомендувати	[rɛkomɛnduˈwati]
regretter (vt)	жалкувати	[ʒalkuˈwati]

répéter (dire encore)	повторювати	[pow'tɔrʲuwati]
répondre (vi, vt)	відповідати	[widpowi'dati]
réserver (une chambre)	резервувати	[rɛzɛrwu'wati]
rester silencieux	мовчати	[mow'tʃati]
réunir (regrouper)	об'єднувати	[o'bʲɛdnuwati]
rire (vi)	сміятися	[smiʲ'atisʲa]
s'arrêter (vp)	зупинятися	[zupiʲ'nʲatisʲa]
s'asseoir (vp)	сідати	[si'dati]
sauver (la vie à qn)	рятувати	[rʲatu'wati]
savoir (qch)	знати	['znati]
se baigner (vp)	купатися	[ku'patisʲa]
se plaindre (vp)	скаржитися	['skarʒitisʲa]
se refuser (vp)	відмовлятися	[widmow'lʲatisʲa]
se tromper (vp)	помилятися	[pomiʲ'lʲatisʲa]
se vanter (vp)	хвастатися	['hwastatisʲa]
s'étonner (vp)	дивуватись	[diwu'watisʲ]
s'excuser (vp)	вибачатися	[wiba'tʃatisʲa]
signer (vt)	підписувати	[pid'pisuwati]
signifier (vt)	означати	[ozna'tʃati]
s'intéresser (vp)	цікавитися	[tsi'kawitisʲa]
sortir (aller dehors)	виходити	[wi'hɔditi]
sourire (vi)	посміхатися	[posmi'hatisʲa]
sous-estimer (vt)	недооцінювати	[nɛdooʲtsinʲuwati]
suivre ... (suivez-moi)	іти слідом	[i'ti 'slidom]
tirer (vi)	стріляти	[striʲ'lʲati]
tomber (vi)	падати	['padati]
toucher (avec les mains)	торкати	[tor'kati]
tourner (~ à gauche)	повертати	[powɛr'tati]
traduire (vt)	перекладати	[pɛrɛkla'dati]
travailler (vi)	працювати	[pratsʲu'wati]
tromper (vt)	обманювати	[ob'manʲuwati]
trouver (vt)	знаходити	[zna'hɔditi]
tuer (vt)	убивати	[ubiʲ'wati]
vendre (vt)	продавати	[proda'wati]
venir (vi)	приїжджати	[prijiʲ'ʒati]
voir (vt)	бачити	['batʃiti]
voler (avion, oiseau)	летіти	[lɛ'titi]
voler (qch à qn)	красти	['krasti]
vouloir (vt)	хотіти	[ho'titi]

LA NOTION DE TEMPS. LE CALENDRIER

17. Les jours de la semaine
18. Les heures. Le jour et la nuit
19. Les mois. Les saisons

T&P Books Publishing

17. Les jours de la semaine

lundi (m)	понеділок (ч)	[ponɛ'dilok]
mardi (m)	вівторок (ч)	[wiw'tɔrok]
mercredi (m)	середа (ж)	[sɛrɛ'da]
jeudi (m)	четвер (ч)	[tʃɛt'wɛr]
vendredi (m)	п'ятниця (ж)	['pʲatnitsʲa]
samedi (m)	субота (ж)	[su'bɔta]
dimanche (m)	неділя (ж)	[nɛ'dilʲa]
aujourd'hui (adv)	сьогодні	[sʲo'fiɔdni]
demain (adv)	завтра	['zawtra]
après-demain (adv)	післязавтра	[pislʲa'zawtra]
hier (adv)	вчора	['wtʃɔra]
avant-hier (adv)	позавчора	[pozaw'tʃɔra]
jour (m)	день (ч)	[dɛnʲ]
jour (m) ouvrable	робочий день (ч)	[ro'bɔtʃij dɛnʲ]
jour (m) férié	святковий день (ч)	[swʲat'kɔwij dɛnʲ]
jour (m) de repos	вихідний день (ч)	[wihid'nʲij dɛnʲ]
week-end (m)	вихідні (мн)	[wihid'ni]
toute la journée	весь день	[wɛsʲ dɛnʲ]
le lendemain	на наступний день	[na na'stupnij dɛnʲ]
il y a 2 jours	2 дні тому	[dwa dni 'tɔmu]
la veille	напередодні	[napɛrɛ'dɔdni]
quotidien (adj)	щоденний	[ɕo'dɛnij]
tous les jours	щодня	[ɕod'nʲa]
semaine (f)	тиждень (ч)	['tiʒdɛnʲ]
la semaine dernière	на минулому тижні	[na mɨ'nulomu 'tiʒni]
la semaine prochaine	на наступному тижні	[na na'stupnomu 'tiʒni]
hebdomadaire (adj)	щотижневий	[ɕotiʒ'nɛwij]
chaque semaine	щотижня	[ɕo'tiʒnʲa]
2 fois par semaine	два рази на тиждень	[dwa 'razɨ na 'tiʒdɛnʲ]
tous les mardis	кожен вівторок	['kɔʒɛn wiw'tɔrok]

18. Les heures. Le jour et la nuit

matin (m)	ранок (ч)	['ranok]
le matin	вранці	['wrantsi]
midi (m)	полудень (ч)	['pɔludɛnʲ]
dans l'après-midi	після обіду	['pislʲa o'bidu]
soir (m)	вечір (ч)	['wɛtʃir]

le soir	увечері	[u'wɛtʃɛri]
nuit (f)	ніч (ж)	[nitʃ]
la nuit	уночі	[uno'tʃi]
minuit (f)	північ (ж)	['piwnitʃ]
seconde (f)	секунда (ж)	[sɛ'kunda]
minute (f)	хвилина (ж)	[hwɨ'lɨna]
heure (f)	година (ж)	[ɦo'dɨna]
demi-heure (f)	півгодини (мн)	[piwɦo'dɨnɨ]
un quart d'heure	чверть (ж) години	[tʃwɛrtʲ ɦo'dɨnɨ]
quinze minutes	15 хвилин	[pʲatʲnadtsʲatʲ hwɨ'lɨn]
vingt-quatre heures	доба (ж)	[do'ba]
lever (m) du soleil	схід (ч) сонця	[ʃid 'sɔntsʲa]
aube (f)	світанок (ч)	[swi'tanok]
point (m) du jour	ранній ранок (ч)	['ranij 'ranok]
coucher (m) du soleil	захід (ч)	['zahid]
tôt le matin	рано вранці	['rano 'wrantsi]
ce matin	сьогодні вранці	[sʲo'ɦodni 'wrantsi]
demain matin	завтра вранці	['zawtra 'wrantsi]
cet après-midi	сьогодні вдень	[sʲo'ɦodni wdɛnʲ]
dans l'après-midi	після обіду	['pislʲa o'bidu]
demain après-midi	завтра після обіду (ч)	['zawtra 'pislʲa o'bidu]
ce soir	сьогодні увечері	[sʲo'ɦodni u'wɛtʃɛri]
demain soir	завтра увечері	['zawtra u'wɛtʃɛri]
à 3 heures précises	рівно о третій годині	['riwno o t'rɛtij ɦo'dɨni]
autour de 4 heures	біля четвертої години	['bilʲa tʃɛt'wɛrtoji ɦo'dɨni]
vers midi	до дванадцятої години	[do dwa'nadtsʲatoji ɦo'dɨni]
dans 20 minutes	за двадцять хвилин	[za 'dwadtsʲatʲ hwɨ'lɨn]
dans une heure	за годину	[za ɦo'dɨnu]
à temps	вчасно	['wtʃasno]
... moins le quart	без чверті	[bɛz 'tʃwɛrti]
en une heure	на протязі години	[na 'protʲazi ɦo'dɨni]
tous les quarts d'heure	що п'ятнадцять хвилин	[ɕo pʲatʲnadtsʲatʲ hwɨ'lɨn]
24 heures sur 24	цілодобово	[tsilodo'bɔwo]

19. Les mois. Les saisons

janvier (m)	січень (ч)	['sitʃɛnʲ]
février (m)	лютий (ч)	['lʲutij]
mars (m)	березень (ч)	['bɛrɛzɛnʲ]
avril (m)	квітень (ч)	['kwitɛnʲ]
mai (m)	травень (ч)	['trawɛnʲ]
juin (m)	червень (ч)	['tʃɛrwɛnʲ]

juillet (m)	**липень** (ч)	['lipɛnʲ]
août (m)	**серпень** (ч)	['sɛrpɛnʲ]
septembre (m)	**вересень** (ч)	['wɛrɛsɛnʲ]
octobre (m)	**жовтень** (ч)	['ʒowtɛnʲ]
novembre (m)	**листопад** (ч)	[listo'pad]
décembre (m)	**грудень** (ч)	['ɦrudɛnʲ]

printemps (m)	**весна** (ж)	[wɛs'na]
au printemps	**навесні**	[nawɛs'ni]
de printemps (adj)	**весняний**	[wɛs'nʲanij]

été (m)	**літо** (с)	['lito]
en été	**влітку**	['wlitku]
d'été (adj)	**літній**	['litnij]

automne (m)	**осінь** (ж)	['ɔsinʲ]
en automne	**восени**	[wosɛ'ni]
d'automne (adj)	**осінній**	[o'sinij]

hiver (m)	**зима** (ж)	[zi'ma]
en hiver	**взимку**	['wzimku]
d'hiver (adj)	**зимовий**	[zi'mɔwij]

mois (m)	**місяць** (ч)	['misʲats]
ce mois	**в цьому місяці** (ч)	[w tsʲomu 'misʲatsi]
le mois prochain	**в наступному місяці** (ч)	[w na'stupnomu 'misʲatsi]
le mois dernier	**в минулому місяці** (ч)	[w mi'nulomu 'misʲatsi]

il y a un mois	**місяць** (ч) **тому**	['misʲats to'mu]
dans un mois	**через місяць**	['tʃɛrɛz 'misʲats]
dans 2 mois	**через 2 місяці**	['tʃɛrɛz dwa 'misʲatsi]
tout le mois	**весь місяць** (ч)	[wɛsʲ 'misʲats]
tout un mois	**цілий місяць**	['tsilij 'misʲats]

mensuel (adj)	**щомісячний**	[ɕo'misʲatʃnij]
mensuellement	**щомісяця**	[ɕo'misʲatsʲa]
chaque mois	**кожний місяць** (ч)	['kɔʒnij 'misʲats]
2 fois par mois	**два рази на місяць**	[dwa 'razi na 'misʲats]

année (f)	**рік** (ч)	[rik]
cette année	**в цьому році**	[w tsʲomu 'rɔtsi]
l'année prochaine	**в наступному році**	[w na'stupnomu 'rɔtsi]
l'année dernière	**в минулому році**	[w mi'nulomu 'rɔtsi]

il y a un an	**рік тому**	[rik 'tomu]
dans un an	**через рік**	['tʃɛrɛz rik]
dans 2 ans	**через два роки**	['tʃɛrɛz dwa 'rɔki]
toute l'année	**увесь рік**	[u'wɛsʲ rik]
toute une année	**цілий рік**	['tsilij rik]

chaque année	**кожен рік**	['kɔʒɛn 'rik]
annuel (adj)	**щорічний**	[ɕo'ritʃnij]

annuellement	щороку	[ɕo'rɔku]
4 fois par an	чотири рази на рік	[tʃo'tirɨ 'razɨ na rik]
date (f) (jour du mois)	число (с)	[tʃɨs'lɔ]
date (f) (~ mémorable)	дата (ж)	['data]
calendrier (m)	календар (ч)	[kalɛn'dar]
six mois	півроку	[piw'rɔku]
semestre (m)	півріччя (с)	[piw'ritʲːa]
saison (f)	сезон (ч)	[sɛ'zɔn]
siècle (m)	вік (ч)	[wik]

LES VOYAGES. L'HÔTEL

20. Les voyages. Les excursions
21. L'hôtel
22. Le tourisme

T&P Books Publishing

20. Les voyages. Les excursions

tourisme (m)	туризм (ч)	[tu'rizm]
touriste (m)	турист (ч)	[tu'rist]
voyage (m) (à l'étranger)	мандрівка (ж)	[mand'riwka]
aventure (f)	пригода (ж)	[pri'hɔda]
voyage (m)	поїздка (ж)	[po'jizdka]
vacances (f pl)	відпустка (ж)	[wid'pustka]
être en vacances	бути у відпустці	['butɨ u wid'pusttsi]
repos (m) (jours de ~)	відпочинок (ч)	[widpo'tʃinok]
train (m)	поїзд (ч)	['pɔjɨzd]
en train	поїздом	['pɔjɨzdom]
avion (m)	літак (ч)	[li'tak]
en avion	літаком	[lita'kɔm]
en voiture	автомобілем	[awtomo'bilɛm]
en bateau	кораблем	[korab'lɛm]
bagage (m)	багаж (ч)	[ba'haʒ]
malle (f)	валіза (ж)	[wa'liza]
chariot (m)	візок (ч) для багажу	[wi'zɔk dlʲa baha'ʒu]
passeport (m)	паспорт (ч)	['pasport]
visa (m)	віза (ж)	['wiza]
ticket (m)	квиток (ч)	[kwɨ'tɔk]
billet (m) d'avion	авіаквиток (ч)	[awiakwi'tɔk]
guide (m) (livre)	путівник (ч)	[putiw'nɨk]
carte (f)	карта (ж)	['karta]
région (f) (~ rurale)	місцевість (ж)	[mis'tsɛwistʲ]
endroit (m)	місце (с)	['mistsɛ]
exotisme (m)	екзотика (ж)	[ɛk'zɔtika]
exotique (adj)	екзотичний	[ɛkzo'titʃnɨj]
étonnant (adj)	дивовижний	['dɨwowɨʒnɨj]
groupe (m)	група (ж)	['hrupa]
excursion (f)	екскурсія (ж)	[ɛks'kursiʲa]
guide (m) (personne)	екскурсовод (ч)	[ɛkskurso'wɔd]

21. L'hôtel

hôtel (m)	готель (ч)	[ɦo'tɛlʲ]
motel (m)	мотель (ч)	[mo'tɛlʲ]

3 étoiles	три зірки	[trɨ 'zirkɨ]
5 étoiles	п'ять зірок	[pʲatʲ zi'rɔk]
descendre (à l'hôtel)	зупинитися	[zupɨ'nɨtɨsʲa]
chambre (f)	номер (ч)	['nɔmɛr]
chambre (f) simple	одномісний номер (ч)	[odno'misnɨj nomɛr]
chambre (f) double	двомісний номер (ч)	[dwo'misnɨj 'nɔmɛr]
réserver une chambre	резервувати номер	[rɛzɛrwu'watɨ 'nɔmɛr]
demi-pension (f)	напівпансіон (ч)	[napiwpansi'ɔn]
pension (f) complète	повний пансіон (ч)	['pɔwnɨj pansi'ɔn]
avec une salle de bain	з ванною	[z 'wanojʉ]
avec une douche	з душем	[z 'duʃɛm]
télévision (f) par satellite	супутникове телебачення (с)	[su'putnɨkowɛ tɛlɛ'batʃɛnʲa]
climatiseur (m)	кондиціонер (ч)	[kondɨtsio'nɛr]
serviette (f)	рушник (ч)	[ruʃ'nɨk]
clé (f)	ключ (ч)	[kʲlʲutʃ]
administrateur (m)	адміністратор (ч)	[admini'strator]
femme (f) de chambre	покоївка (ж)	[poko'jiwka]
porteur (m)	носильник (ч)	[no'sɨlʲnɨk]
portier (m)	портьє (ч)	[por'tʲɛ]
restaurant (m)	ресторан (ч)	[rɛsto'ran]
bar (m)	бар (ч)	[bar]
petit déjeuner (m)	сніданок (ч)	[sni'danok]
dîner (m)	вечеря (ж)	[wɛ'tʃɛrʲa]
buffet (m)	шведський стіл (ч)	['ʃwɛdsʲkɨj stil]
hall (m)	вестибюль (ч)	[wɛstɨ'bʲulʲ]
ascenseur (m)	ліфт (ч)	[lift]
PRIÈRE DE NE PAS DÉRANGER	НЕ ТУРБУВАТИ	[nɛ turbu'watɨ]
DÉFENSE DE FUMER	ПАЛИТИ ЗАБОРОНЕНО	[pa'lɨtɨ zabo'rɔnɛno]

22. Le tourisme

monument (m)	пам'ятник (ч)	['pamʲatnɨk]
forteresse (f)	фортеця (ж)	[for'tɛtsʲa]
palais (m)	палац (ч)	[pa'lats]
château (m)	замок (ч)	['zamok]
tour (f)	вежа (ж)	['wɛʒa]
mausolée (m)	мавзолей (ч)	[mawzo'lɛj]
architecture (f)	архітектура (ж)	[arhitɛk'tura]
médiéval (adj)	середньовічний	[sɛrɛdnʲo'witʃnɨj]
ancien (adj)	старовинний	[staro'wɨnɨj]

national (adj)	національний	[natsio'nalʲnij]
connu (adj)	відомий	[wi'dɔmij]
touriste (m)	турист (ч)	[tu'rist]
guide (m) (personne)	гід (ч)	[ɦid]
excursion (f)	екскурсія (ж)	[ɛks'kursiʲa]
montrer (vt)	показувати	[po'kazuwati]
raconter (une histoire)	розповідати	[rozpowi'dati]
trouver (vt)	знайти	[znaj'ti]
se perdre (vp)	загубитися	[zaɦu'bitisʲa]
plan (m) (du metro, etc.)	схема (ж)	['shɛma]
carte (f) (de la ville, etc.)	план (ч)	[plan]
souvenir (m)	сувенір (ч)	[suwɛ'nir]
boutique (f) de souvenirs	магазин (ч) сувенірів	[maɦa'zin suwɛ'niriw]
prendre en photo	фотографувати	[fotoɦrafu'wati]
se faire prendre en photo	фотографуватися	[fotoɦrafu'watisʲa]

LES TRANSPORTS

23. L'aéroport
24. L'avion
25. Le train
26. Le bateau

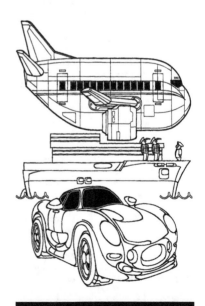

T&P Books Publishing

23. L'aéroport

aéroport (m)	аеропорт (ч)	[aɛro'pɔrt]
avion (m)	літак (ч)	[li'tak]
compagnie (f) aérienne	авіакомпанія (ж)	[awiakom'paniʲa]
contrôleur (m) aérien	диспетчер (ч)	[dɪs'pɛʧɛr]
départ (m)	виліт (ч)	['wɨlit]
arrivée (f)	приліт (ч)	[pri'lit]
arriver (par avion)	прилетіти	[pri'lɛtiti]
temps (m) de départ	час (ч) вильоту	[ʧas 'wɨlʲotu]
temps (m) d'arrivée	час (ч) прильоту	[ʧas pri'lʲotu]
être retardé	затримуватися	[za'trɨmuwatɨsʲa]
retard (m) de l'avion	затримка (ж) вильоту	[za'trɨmka 'wɨlʲotu]
tableau (m) d'informations	інформаційне табло (с)	[informa'ʦijnɛ tab'lɔ]
information (f)	інформація (ж)	[infor'maʦiʲa]
annoncer (vt)	оголошувати	[oɦo'lɔʃuwatɨ]
vol (m)	рейс (ч)	[rɛjs]
douane (f)	митниця (ж)	['mɨtnɨʦʲa]
douanier (m)	митник (ч)	['mɨtnɨk]
déclaration (f) de douane	декларація (ж)	[dɛkla'raʦiʲa]
remplir (vt)	заповнити	[za'pɔwnɨtɨ]
remplir la déclaration	заповнити декларацію	[za'pɔwnɨtɨ dɛkla'raʦiʲu]
contrôle (m) de passeport	паспортний контроль (ч)	['pasportnɨj kon'trɔlʲ]
bagage (m)	багаж (ч)	[ba'ɦaʒ]
bagage (m) à main	ручний вантаж (ж)	[ruʧ'nɨj wan'taʒ]
chariot (m)	візок (ч) для багажу	[wi'zɔk dlʲa baɦa'ʒu]
atterrissage (m)	посадка (ж)	[po'sadka]
piste (f) d'atterrissage	посадкова смуга (ж)	[po'sadkowa 'smuɦa]
atterrir (vi)	сідати	[si'datɨ]
escalier (m) d'avion	трап (ч)	[trap]
enregistrement (m)	реєстрація (ж)	[rɛɛ'straʦiʲa]
comptoir (m) d'enregistrement	реєстрація (ж)	[rɛɛ'straʦiʲa]
s'enregistrer (vp)	зареєструватися	[zarɛɛstru'watɨsʲa]
carte (f) d'embarquement	посадковий талон (ч)	[po'sadkowɨj ta'lɔn]
porte (f) d'embarquement	вихід (ч)	['wɨhid]

transit (m)	транзит (ч)	[tran'zit]
attendre (vt)	чекати	[tʃɛ'kati]
salle (f) d'attente	зал (ч) очікування	['zal o'tʃikuwanʲa]
raccompagner (à l'aéroport, etc.)	проводжати	[prowo'dʒati]
dire au revoir	прощатися	[pro'ɕatisʲa]

24. L'avion

avion (m)	літак (ч)	[li'tak]
billet (m) d'avion	авіаквиток (ч)	[awiakwi'tɔk]
compagnie (f) aérienne	авіакомпанія (ж)	[awiakɔm'panʲia]
aéroport (m)	аеропорт (ч)	[aɛro'pɔrt]
supersonique (adj)	надзвуковий	[nadzwuko'wij]
commandant (m) de bord	командир (ч) корабля	[koman'dir korab'lʲa]
équipage (m)	екіпаж (ч)	[ɛki'paʒ]
pilote (m)	пілот (ч)	[pi'lɔt]
hôtesse (f) de l'air	стюардеса (ж)	[stʲuar'dɛsa]
navigateur (m)	штурман (ч)	['ʃturman]
ailes (f pl)	крила (мн)	['krila]
queue (f)	хвіст (ч)	[hwist]
cabine (f)	кабіна (ж)	[ka'bina]
moteur (m)	двигун (ч)	[dwi'ɦun]
train (m) d'atterrissage	шасі (с)	[ʃa'si]
turbine (f)	турбіна (ж)	[tur'bina]
hélice (f)	пропелер (ч)	[pro'pɛlɛr]
boîte (f) noire	чорна скринька (ж)	['tʃɔrna 'skrinʲka]
gouvernail (m)	штурвал (ч)	[ʃtur'wal]
carburant (m)	пальне (с)	[palʲ'nɛ]
consigne (f) de sécurité	інструкція (ж)	[inst'ruktsʲiʲa]
masque (m) à oxygène	киснева маска (ж)	['kisnɛwa 'maska]
uniforme (m)	уніформа (ж)	[uni'fɔrma]
gilet (m) de sauvetage	рятувальний жилет (ч)	[rʲatu'walʲnij ʒi'lɛt]
parachute (m)	парашут (ч)	[para'ʃut]
décollage (m)	зліт (ч)	[zlit]
décoller (vi)	злітати	[zli'tati]
piste (f) de décollage	злітна смуга (ж)	['zlitna 'smuɦa]
visibilité (f)	видимість (ж)	['widimistʲ]
vol (m) (~ d'oiseau)	політ (ч)	[po'lit]
altitude (f)	висота (ж)	[wiso'ta]
trou (m) d'air	повітряна яма (ж)	[po'witrʲana 'jama]
place (f)	місце (с)	['mistsɛ]
écouteurs (m pl)	навушники (мн)	[na'wuʃniki]

tablette (f)	відкидний столик (ч)	[widkɨd'nij 'stolɨk]
hublot (m)	ілюмінатор (ч)	[ilʲumi'nator]
couloir (m)	прохід (ч)	[pro'hid]

25. Le train

train (m)	поїзд (ч)	['pojɨzd]
train (m) de banlieue	електропоїзд (ч)	[ɛlɛktro'pojɨzd]
TGV (m)	швидкий поїзд (ч)	[ʃwɨd'kij 'pojɨzd]
locomotive (f) diesel	тепловоз (ч)	[tɛplo'wɔz]
locomotive (f) à vapeur	паровоз (ч)	[paro'wɔz]
wagon (m)	вагон (ч)	[wa'hɔn]
wagon-restaurant (m)	вагон-ресторан (ч)	[wa'hɔn rɛsto'ran]
rails (m pl)	рейки (мн)	['rɛjkɨ]
chemin (m) de fer	залізниця (ж)	[zaliz'nɨtsʲa]
traverse (f)	шпала (ж)	['ʃpala]
quai (m)	платформа (ж)	[plat'fɔrma]
voie (f)	колія (ж)	['kolʲia]
sémaphore (m)	семафор (ч)	[sɛma'fɔr]
station (f)	станція (ж)	['stantsʲia]
conducteur (m) de train	машиніст (ч)	[maʃɨ'nist]
porteur (m)	носильник (ч)	[no'sɨlʲnɨk]
steward (m)	провідник (ч)	[prowid'nɨk]
passager (m)	пасажир (ч)	[pasa'ʒɨr]
contrôleur (m) de billets	контролер (ч)	[kontro'lɛr]
couloir (m)	коридор (ч)	[korɨ'dɔr]
frein (m) d'urgence	стоп-кран (ч)	[stop kran]
compartiment (m)	купе (с)	[ku'pɛ]
couchette (f)	полиця (ж)	[po'lɨtsʲa]
couchette (f) d'en haut	полиця (ж) верхня	[po'lɨtsʲa 'wɛrhnʲa]
couchette (f) d'en bas	полиця (ж) нижня	[po'lɨtsʲa 'nɨʒnʲa]
linge (m) de lit	білизна (ж)	[bi'lɨzna]
ticket (m)	квиток (ч)	[kwɨ'tɔk]
horaire (m)	розклад (ч)	['rɔzklad]
tableau (m) d'informations	табло (с)	[tab'lɔ]
partir (vi)	відходити	[wid'hɔdɨtɨ]
départ (m) (du train)	відправлення (с)	[wid'prawlɛnʲa]
arriver (le train)	прибувати	[prɨbu'watɨ]
arrivée (f)	прибуття (с)	[prɨbut'tʲa]
arriver en train	приїхати поїздом	[prɨ'jihatɨ 'pojɨzdom]
prendre le train	сісти на поїзд	['sistɨ na 'pojɨzd]

descendre du train	зійти з поїзду	[zij'tɨ z 'pojɨzdu]
accident (m) ferroviaire	катастрофа (ж)	[kata'strɔfa]
locomotive (f) à vapeur	паровоз (ч)	[paro'wɔz]
chauffeur (m)	кочегар (ч)	[kotʃɛ'ɦar]
chauffe (f)	топка (ж)	['tɔpka]
charbon (m)	вугілля (с)	[wu'ɦilʲa]

26. Le bateau

bateau (m)	корабель (ч)	[kora'bɛlʲ]
navire (m)	судно (с)	['sudno]
bateau (m) à vapeur	пароплав (ч)	[paro'plaw]
paquebot (m)	теплохід (ч)	[tɛplo'hid]
bateau (m) de croisière	лайнер (ч)	['lajnɛr]
croiseur (m)	крейсер (ч)	['krɛjsɛr]
yacht (m)	яхта (ж)	['ʲahta]
remorqueur (m)	буксир (ч)	[buk'sɨr]
péniche (f)	баржа (ж)	['barʒa]
ferry (m)	паром (ч)	[pa'rɔm]
voilier (m)	вітрильник (ч)	[wi'trɨlʲnɨk]
brigantin (m)	бригантина (ж)	[brihan'tɨna]
brise-glace (m)	криголам (ч)	[krɨɦo'lam]
sous-marin (m)	човен (ч) підводний	['tʃɔwɛn pid'wɔdnɨj]
canot (m) à rames	човен (ч)	['tʃɔwɛn]
dinghy (m)	шлюпка (ж)	['ʃlʲupka]
canot (m) de sauvetage	шлюпка (ж) рятувальна	['ʃlʲupka rʲatu'walʲna]
canot (m) à moteur	катер (ч)	['katɛr]
capitaine (m)	капітан (ч)	[kapi'tan]
matelot (m)	матрос (ч)	[mat'rɔs]
marin (m)	моряк (ч)	[mo'rʲak]
équipage (m)	екіпаж (ч)	[ɛki'paʒ]
maître (m) d'équipage	боцман (ч)	['bɔtsman]
mousse (m)	юнга (ч)	['ʲunɦa]
cuisinier (m) du bord	кок (ч)	[kok]
médecin (m) de bord	судновий лікар (ч)	['sudnowɨj 'likar]
pont (m)	палуба (ж)	['paluba]
mât (m)	щогла (ж)	['ɕɔɦla]
voile (f)	вітрило (с)	[wi'trɨlo]
cale (f)	трюм (ч)	[trʲum]
proue (f)	ніс (ч)	[nis]
poupe (f)	корма (ж)	[kor'ma]

rame (f)	весло (с)	[wɛsˈlɔ]
hélice (f)	гвинт (ч)	[ɦwint]
cabine (f)	каюта (ж)	[kaˈʲuta]
carré (m) des officiers	кают-компанія (ж)	[kaˈʲut komˈpanʲʲa]
salle (f) des machines	машинне відділення (с)	[maˈʃinɛ widˈdilɛnʲa]
passerelle (f)	капітанський місток (ч)	[kapiˈtansʲkij misˈtɔk]
cabine (f) de T.S.F.	радіорубка (ж)	[radioˈrubka]
onde (f)	хвиля (ж)	[ˈɦwilʲa]
journal (m) de bord	судновий журнал (ч)	[ˈsudnowɨj ʒurˈnal]
longue-vue (f)	підзорна труба (ж)	[piˈdzorna truˈba]
cloche (f)	дзвін (ч)	[dzwin]
pavillon (m)	прапор (ч)	[ˈprapor]
grosse corde (f) tressée	канат (ч)	[kaˈnat]
nœud (m) marin	вузол (ч)	[ˈwuzol]
rampe (f)	поручень (ч)	[ˈporutʃɛnʲ]
passerelle (f)	трап (ч)	[trap]
ancre (f)	якір (ч)	[ˈʲakir]
lever l'ancre	підняти якір	[pidˈnʲati ˈjakir]
jeter l'ancre	кинути якір	[ˈkinuti ˈjakir]
chaîne (f) d'ancrage	якірний ланцюг (ч)	[ˈʲakirnij lanˈtsʲuɦ]
port (m)	порт (ч)	[port]
embarcadère (m)	причал (ч)	[priˈtʃal]
accoster (vi)	причалювати	[priˈtʃalʲuwati]
larguer les amarres	відчалювати	[widˈtʃalʲuwati]
voyage (m) (à l'étranger)	подорож (ж)	[ˈpodoroʒ]
croisière (f)	круїз (ч)	[kruˈjiz]
cap (m) (suivre un ~)	курс (ч)	[kurs]
itinéraire (m)	маршрут (ч)	[marʃˈrut]
chenal (m)	фарватер (ч)	[farˈwatɛr]
bas-fond (m)	мілина (ж)	[miliˈna]
échouer sur un bas-fond	сісти на мілину	[ˈsisti na miliˈnu]
tempête (f)	буря (ж)	[ˈburʲa]
signal (m)	сигнал (ч)	[siɦˈnal]
sombrer (vi)	тонути	[toˈnuti]
SOS (m)	SOS	[sos]
bouée (f) de sauvetage	рятувальний круг (ч)	[rʲatuˈwalʲnij ˈkruɦ]

LA VILLE

27. Les transports en commun
28. La ville. La vie urbaine
29. Les institutions urbaines
30. Les enseignes. Les panneaux
31. Le shopping

T&P Books Publishing

27. Les transports en commun

autobus (m)	автобус (ч)	[aw'tɔbus]
tramway (m)	трамвай (ч)	[tram'waj]
trolleybus (m)	тролейбус (ч)	[tro'lɛjbus]
itinéraire (m)	маршрут (ч)	[marʃ'rut]
numéro (m)	номер (ч)	['nɔmɛr]

prendre ...	їхати на ...	['jihati na]
monter (dans l'autobus)	сісти	['sisti]
descendre de ...	зійти	[zij'ti]

arrêt (m)	зупинка (ж)	[zu'pinka]
arrêt (m) prochain	наступна зупинка (ж)	[na'stupna zu'pinka]
terminus (m)	кінцева зупинка (ж)	[kin'tsɛwa zu'pinka]
horaire (m)	розклад (ч)	['rɔzklad]
attendre (vt)	чекати	[tʃɛ'kati]

ticket (m)	квиток (ч)	[kwi'tɔk]
prix (m) du ticket	вартість (ж) квитка	['wartistʲ kwit'ka]

caissier (m)	касир (ч)	[ka'sir]
contrôle (m) des tickets	контроль (ч)	[kon'trɔlʲ]
contrôleur (m)	контролер (ч)	[kontro'lɛr]

être en retard	запізнюватися	[za'piznʲuwatisʲa]
rater (~ le train)	спізнитися	[spiz'nitisʲa]
se dépêcher	поспішати	[pospi'ʃati]

taxi (m)	таксі (с)	[tak'si]
chauffeur (m) de taxi	таксист (ч)	[tak'sist]
en taxi	на таксі	[na tak'si]
arrêt (m) de taxi	стоянка (с) таксі	[stoʲanka tak'si]
appeler un taxi	викликати таксі	['wiklikati tak'si]
prendre un taxi	взяти таксі	['wzʲati tak'si]

trafic (m)	вуличний рух (ч)	['wulitʃnij ruh]
embouteillage (m)	пробка (ж)	['prɔbka]
heures (f pl) de pointe	години (мн) пік	[ɦo'dini pik]
se garer (vp)	паркуватися	[parku'watisʲa]
garer (vt)	паркувати	[parku'wati]
parking (m)	стоянка (ж)	[stoʲanka]

métro (m)	метро (с)	[mɛt'rɔ]
station (f)	станція (ж)	['stantsiʲa]
prendre le métro	їхати в метро	['jihati w mɛt'rɔ]

train (m)	поїзд (ч)	['pɔjizd]
gare (f)	вокзал (ч)	[wok'zal]

28. La ville. La vie urbaine

ville (f)	місто (с)	['misto]
capitale (f)	столиця (ж)	[sto'litsʲa]
village (m)	село (с)	[sɛ'lɔ]
plan (m) de la ville	план (ч) міста	[plan 'mista]
centre-ville (m)	центр (ч) міста	[tsɛntr 'mista]
banlieue (f)	передмістя (с)	[pɛrɛd'mistʲa]
de banlieue (adj)	приміський	[primisʲ'kij]
périphérie (f)	околиця (ж)	[o'kɔlitsʲa]
alentours (m pl)	околиці (мн)	[o'kɔlitsi]
quartier (m)	квартал (ч)	[kwar'tal]
quartier (m) résidentiel	житловий квартал (ч)	[ʒitlo'wij kwar'tal]
trafic (m)	рух (ч)	[ruh]
feux (m pl) de circulation	світлофор (ч)	[switlo'fɔr]
transport (m) urbain	міський транспорт (ч)	[misʲ'kij 'transport]
carrefour (m)	перехрестя (с)	[pɛrɛh'rɛstʲa]
passage (m) piéton	перехід (ч)	[pɛrɛ'hid]
passage (m) souterrain	підземний перехід (ч)	[pi'dzɛmnij pɛrɛ'hid]
traverser (vt)	переходити	[pɛrɛ'hɔditi]
piéton (m)	пішохід (ч)	[piʃo'hid]
trottoir (m)	тротуар (ч)	[trotu'ar]
pont (m)	міст (ч)	[mist]
quai (m)	набережна (ж)	['nabɛrɛʒna]
fontaine (f)	фонтан (ч)	[fon'tan]
allée (f)	алея (ж)	[a'lɛʲa]
parc (m)	парк (ч)	[park]
boulevard (m)	бульвар (ч)	[bulʲ'war]
place (f)	площа (ж)	['plɔɕa]
avenue (f)	проспект (ч)	[pros'pɛkt]
rue (f)	вулиця (ж)	['wulitsʲa]
ruelle (f)	провулок (ч)	[pro'wulok]
impasse (f)	глухий кут (ч)	[ɦlu'hij kut]
maison (f)	будинок (ч)	[bu'dinok]
édifice (m)	споруда (ж)	[spo'ruda]
gratte-ciel (m)	хмарочос (ч)	[hmaro'tʃɔs]
façade (f)	фасад (ч)	[fa'sad]
toit (m)	дах (ч)	[dah]
fenêtre (f)	вікно (с)	[wik'nɔ]

arc (m)	арка (ж)	['arka]
colonne (f)	колона (ж)	[ko'lɔna]
coin (m)	ріг (ч)	[riɦ]

vitrine (f)	вітрина (ж)	[wi'trɨna]
enseigne (f)	вивіска (ж)	['wiwiska]
affiche (f)	афіша (ж)	[a'fiʃa]
affiche (f) publicitaire	рекламний плакат (ч)	[rɛk'lamnɨj pla'kat]
panneau-réclame (m)	рекламний щит (ч)	[rɛk'lamnɨj ɕit]

ordures (f pl)	сміття (с)	[smit'tʲa]
poubelle (f)	урна (ж)	['urna]
jeter à terre	смітити	[smi'titi]
décharge (f)	смітник (ч)	[smit'nʲik]

cabine (f) téléphonique	телефонна будка (ж)	[tɛlɛ'fɔna 'budka]
réverbère (m)	ліхтарний стовп (ч)	[lih'tarnɨj stowp]
banc (m)	лавка (ж)	['lawka]

policier (m)	поліцейський (ч)	[poli'tsɛjsʲkij]
police (f)	поліція (ж)	[po'litsʲia]
clochard (m)	жебрак (ч)	[ʒɛb'rak]
sans-abri (m)	безпритульний (ч)	[bɛzprɨ'tulʲnɨj]

29. Les institutions urbaines

magasin (m)	магазин (ч)	[maɦa'zɨn]
pharmacie (f)	аптека (ж)	[ap'tɛka]
opticien (m)	оптика (ж)	['ɔptika]
centre (m) commercial	торгівельний центр (ч)	[torɦi'wɛlʲnɨj 'tsɛntr]
supermarché (m)	супермаркет (ч)	[supɛr'markɛt]

boulangerie (f)	булочна (ж)	['bulotʃna]
boulanger (m)	пекар (ч)	['pɛkar]
pâtisserie (f)	кондитерська (ж)	[kon'ditɛrsʲka]
épicerie (f)	бакалія (ж)	[baka'liʲa]
boucherie (f)	м'ясний магазин (ч)	[mʲʔas'nɨj maɦa'zɨn]

magasin (m) de légumes	овочевий магазин (ч)	[owo'tʃɛwɨj maɦa'zɨn]
marché (m)	ринок (ч)	['rɨnok]

salon (m) de café	кав'ярня (ж)	[ka'wʔarnʲa]
restaurant (m)	ресторан (ч)	[rɛsto'ran]
brasserie (f)	пивна (ж)	[pɨw'na]
pizzeria (f)	піцерія (ж)	[pitsɛ'riʲa]

salon (m) de coiffure	перукарня (ж)	[pɛru'karnʲa]
poste (f)	пошта (ж)	['pɔʃta]
pressing (m)	хімчистка (ж)	[him'tʃistka]
atelier (m) de photo	фотоательє (с)	[fotoatɛ'ljɛ]

magasin (m) de chaussures	взуттєвий магазин (ч)	[wzut'tɛwij maɦa'zin]
librairie (f)	книгарня (ж)	[kni'ɦarnʲa]
magasin (m) d'articles de sport	спортивний магазин (ч)	[spor'tiwnij maɦa'zin]

atelier (m) de retouche	ремонт (ч) одягу	[rɛ'mɔnt 'ɔdʲaɦu]
location (f) de vêtements	прокат (ч) одягу	[pro'kat 'ɔdʲaɦu]
location (f) de films	прокат (ч) фільмів	[pro'kat 'filʲmiw]

cirque (m)	цирк (ч)	[tsirk]
zoo (m)	зоопарк (ч)	[zoo'park]
cinéma (m)	кінотеатр (ч)	[kinotɛ'atr]
musée (m)	музей (ч)	[mu'zɛj]
bibliothèque (f)	бібліотека (ж)	[biblio'tɛka]

théâtre (m)	театр (ч)	[tɛ'atr]
opéra (m)	опера (ж)	['ɔpɛra]
boîte (f) de nuit	нічний клуб (ч)	[nitʃ'nij klub]
casino (m)	казино (с)	[kazi'nɔ]

mosquée (f)	мечеть (ж)	[mɛ'tʃɛtʲ]
synagogue (f)	синагога (ж)	[sina'ɦɔɦa]
cathédrale (f)	собор (ч)	[so'bɔr]
temple (m)	храм (ч)	[hram]
église (f)	церква (ж)	['tsɛrkwa]

institut (m)	інститут (ч)	[insti'tut]
université (f)	університет (ч)	[uniwɛrsi'tɛt]
école (f)	школа (ж)	['ʃkola]

préfecture (f)	префектура (ж)	[prɛfɛk'tura]
mairie (f)	мерія (ж)	['mɛriʲa]
hôtel (m)	готель (ч)	[ɦo'tɛlʲ]
banque (f)	банк (ч)	[bank]

ambassade (f)	посольство (с)	[po'sɔlʲstwo]
agence (f) de voyages	турагентство (с)	[tura'ɦɛntstwo]
bureau (m) d'information	довідкове бюро (с)	[dowid'kɔwɛ bʲu'rɔ]
bureau (m) de change	обмінний пункт (ч)	[ob'minij punkt]

métro (m)	метро (с)	[mɛt'rɔ]
hôpital (m)	лікарня (ж)	[li'karnʲa]

station-service (f)	бензоколонка (ж)	[bɛnzoko'lɔnka]
parking (m)	стоянка (ж)	[stoʲ'anka]

30. Les enseignes. Les panneaux

enseigne (f)	вивіска (ж)	['wiwiska]
pancarte (f)	напис (ч)	['napis]

poster (m)	плакат (ч)	[pla'kat]
indicateur (m) de direction	дороговказ (ч)	[doroɦow'kaz]
flèche (f)	стрілка (ж)	['strilka]
avertissement (m)	застереження (с)	[zastɛ'rɛʒɛnʲa]
panneau d'avertissement	попередження (с)	[popɛ'rɛdʒɛnʲa]
avertir (vt)	попереджувати	[popɛ'rɛdʒuwati]
jour (m) de repos	вихідний день (ч)	[wiɦid'nij dɛnʲ]
horaire (m)	розклад (ч)	['rɔzklad]
heures (f pl) d'ouverture	години (мн) роботи	[ɦo'dini ro'bɔti]
BIENVENUE!	ЛАСКАВО ПРОСИМО!	[las'kawo 'prɔsimo]
ENTRÉE	ВХІД	[wɦid]
SORTIE	ВИХІД	['wiɦid]
POUSSER	ВІД СЕБЕ	[wid 'sɛbɛ]
TIRER	ДО СЕБЕ	[do 'sɛbɛ]
OUVERT	ВІДЧИНЕНО	[wid'tʃinɛno]
FERMÉ	ЗАЧИНЕНО	[za'tʃinɛno]
FEMMES	ДЛЯ ЖІНОК	[dlʲa ʒi'nɔk]
HOMMES	ДЛЯ ЧОЛОВІКІВ	[dlʲa tʃolowi'kiw]
RABAIS	ЗНИЖКИ	['zniʒki]
SOLDES	РОЗПРОДАЖ	[rozp'rɔdaʒ]
NOUVEAU!	НОВИНКА!	[no'winka]
GRATUIT	БЕЗКОШТОВНО	[bɛzkoʃ'towno]
ATTENTION!	УВАГА!	[u'waɦa]
COMPLET	МІСЦЬ НЕМАЄ	[mistsʲ nɛ'maɛ]
RÉSERVÉ	ЗАРЕЗЕРВОВАНО	[zarɛzɛr'wowano]
ADMINISTRATION	АДМІНІСТРАЦІЯ	[admini'stratsʲia]
RÉSERVÉ AU PERSONNEL	ТІЛЬКИ ДЛЯ ПЕРСОНАЛУ	['tilʲki dlʲa pɛrso'nalu]
ATTENTION CHIEN MÉCHANT	ОБЕРЕЖНО! ЗЛИЙ ПЕС	[obɛ'rɛʒno! zlij pɛs]
DÉFENSE DE FUMER	ПАЛИТИ ЗАБОРОНЕНО	[pa'liti zabo'rɔnɛno]
PRIÈRE DE NE PAS TOUCHER	НЕ ТОРКАТИСЯ!	[nɛ tor'katisʲa]
DANGEREUX	НЕБЕЗПЕЧНО	[nɛbɛz'pɛtʃno]
DANGER	НЕБЕЗПЕКА	[nɛbɛz'pɛka]
HAUTE TENSION	ВИСОКА НАПРУГА	[wi'soka na'pruɦa]
BAIGNADE INTERDITE	КУПАТИСЯ ЗАБОРОНЕНО	[ku'patisʲa zabo'rɔnɛno]
HORS SERVICE	НЕ ПРАЦЮЄ	[nɛ pra'tsʲuɛ]
INFLAMMABLE	ВОГНЕНЕБЕЗПЕЧНО	[woɦnɛnɛbɛz'pɛtʃno]
INTERDIT	ЗАБОРОНЕНО	[zabo'rɔnɛno]

PASSAGE INTERDIT   ПРОХІД ЗАБОРОНЕНО   [proˈhid zaboˈrɔnɛno]
PEINTURE FRAÎCHE   ПОФАРБОВАНО   [pofarˈbɔwano]

31. Le shopping

acheter (vt)	купляти	[kupˈlʲati]
achat (m)	покупка (ж)	[poˈkupka]
faire des achats	робити покупки	[roˈbɨti poˈkupkɨ]
shopping (m)	шопінг (ч)	[ˈʃopinɦ]
être ouvert	працювати	[pratsʲuˈwati]
être fermé	зачинитися	[zatʃɨˈnitisʲa]
chaussures (f pl)	взуття (с)	[wzutˈtʲa]
vêtement (m)	одяг (ч)	[ˈɔdʲaɦ]
produits (m pl) de beauté	косметика (ж)	[kosˈmɛtika]
produits (m pl) alimentaires	продукти (мн)	[proˈduktɨ]
cadeau (m)	подарунок (ч)	[podaˈrunok]
vendeur (m)	продавець (ч)	[prodaˈwɛts]
vendeuse (f)	продавщиця (ж)	[prodawˈɕitsʲa]
caisse (f)	каса (ж)	[ˈkasa]
miroir (m)	дзеркало (с)	[ˈdzɛrkalo]
comptoir (m)	прилавок (ч)	[prɨˈlawok]
cabine (f) d'essayage	примірочна (ж)	[prɨˈmirotʃna]
essayer (robe, etc.)	примiряти	[prɨˈmirʲati]
aller bien (robe, etc.)	пасувати	[pasuˈwati]
plaire (être apprécié)	подобатися	[poˈdobatisʲa]
prix (m)	ціна (ж)	[tsiˈna]
étiquette (f) de prix	цінник (ч)	[ˈtsinik]
coûter (vt)	коштувати	[ˈkoʃtuwati]
Combien?	Скільки?	[ˈskilʲki]
rabais (m)	знижка (ж)	[ˈznɨʒka]
pas cher (adj)	недорогий	[nɛdoroˈɦij]
bon marché (adj)	дешевий	[dɛˈʃɛwɨj]
cher (adj)	дорогий	[doroˈɦij]
C'est cher	Це дорого.	[tsɛ ˈdoroɦo]
location (f)	прокат (ч)	[proˈkat]
louer (une voiture, etc.)	взяти напрокат	[ˈwzʲati naproˈkat]
crédit (m)	кредит (ч)	[krɛˈdit]
à crédit (adv)	в кредит (ч)	[w krɛˈdit]

LES VÊTEMENTS & LES ACCESSOIRES

32. Les vêtements d'extérieur
33. Les vêtements
34. Les sous-vêtements
35. Les chapeaux
36. Les chaussures
37. Les accessoires personnels
38. Les vêtements. Divers
39. L'hygiène corporelle.
    Les cosmétiques
40. Les montres. Les horloges

T&P Books Publishing

32. Les vêtements d'extérieur

vêtement (m)	одяг (ч)	[ˈɔdʲaɦ]
survêtement (m)	верхній одяг (ч)	[ˈwɛrhnij ˈɔdʲaɦ]
vêtement (m) d'hiver	зимовий одяг (ч)	[ziˈmɔwɨj ˈɔdʲaɦ]
manteau (m)	пальто (с)	[palʲˈtɔ]
manteau (m) de fourrure	шуба (ж)	[ˈʃuba]
veste (f) de fourrure	кожушок (ч)	[kɔʒuˈʃɔk]
manteau (m) de duvet	пуховик (ч)	[puhɔˈwɨk]
veste (f) (~ en cuir)	куртка (ж)	[ˈkurtka]
imperméable (m)	плащ (ч)	[plaɕ]
imperméable (adj)	непромокальний	[nɛprɔmɔˈkalʲnɨj]

33. Les vêtements

chemise (f)	сорочка (ж)	[sɔˈrɔtʃka]
pantalon (m)	штани (мн)	[ʃtaˈnɨ]
jean (m)	джинси (мн)	[ˈdʒɨnsɨ]
veston (m)	піджак (ч)	[piˈdʒak]
complet (m)	костюм (ч)	[kɔsˈtʲum]
robe (f)	сукня (ж)	[ˈsuknʲa]
jupe (f)	спідниця (ж)	[spidˈnɨtsʲa]
chemisette (f)	блузка (ж)	[ˈbluzka]
veste (f) en laine	кофта (ж)	[ˈkɔfta]
jaquette (f), blazer (m)	жакет (ч)	[ʒaˈkɛt]
tee-shirt (m)	футболка (ж)	[futˈbɔlka]
short (m)	шорти (мн)	[ˈʃɔrtɨ]
costume (m) de sport	спортивний костюм (ч)	[spɔrˈtɨwnɨj kɔsˈtʲum]
peignoir (m) de bain	халат (ч)	[haˈlat]
pyjama (m)	піжама (ж)	[piˈʒama]
chandail (m)	светр (ч)	[swɛtr]
pull-over (m)	пуловер (ч)	[pulɔˈwɛr]
gilet (m)	жилет (ч)	[ʒɨˈlɛt]
queue-de-pie (f)	фрак (ч)	[frak]
smoking (m)	смокінг (ч)	[ˈsmɔkinɦ]
uniforme (m)	форма (ж)	[ˈfɔrma]
tenue (f) de travail	робочий одяг (ж)	[rɔˈbɔtʃɨj ˈɔdʲaɦ]

salopette (f)	комбінезон (ч)	[kombinɛ'zɔn]
blouse (f) (d'un médecin)	халат (ч)	[ha'lat]

34. Les sous-vêtements

sous-vêtements (m pl)	білизна (ж)	[bi'lɨzna]
maillot (m) de corps	майка (ж)	['majka]
chaussettes (f pl)	шкарпетки (мн)	[ʃkar'pɛtkɨ]
chemise (f) de nuit	нічна сорочка (ж)	[nitʃ'na so'rɔtʃka]
soutien-gorge (m)	бюстгальтер (ч)	[bʲust'halʲtɛr]
chaussettes (f pl) hautes	гольфи (мн)	['hɔlʲfi]
collants (m pl)	колготки (мн)	[kol'hɔtkɨ]
bas (m pl)	панчохи (мн)	[pan'tʃɔhɨ]
maillot (m) de bain	купальник (ч)	[ku'palʲnɨk]

35. Les chapeaux

chapeau (m)	шапка (ж)	['ʃapka]
chapeau (m) feutre	капелюх (ч)	[kapɛ'lʲuh]
casquette (f) de base-ball	бейсболка (ж)	[bɛjs'bɔlka]
casquette (f)	кашкет (ч)	[kaʃ'kɛt]
béret (m)	берет (ч)	[bɛ'rɛt]
capuche (f)	каптур (ч)	[kap'tur]
panama (m)	панамка (ж)	[pa'namka]
bonnet (m) de laine	в'язана шапочка (ж)	['wʲjazana 'ʃapotʃka]
foulard (m)	хустка (ж)	['hustka]
chapeau (m) de femme	капелюшок (ч)	[kapɛ'lʲuʃok]
casque (m) (d'ouvriers)	каска (ж)	['kaska]
calot (m)	пілотка (ж)	[pi'lɔtka]
casque (m) (~ de moto)	шолом (ч)	[ʃo'lɔm]
melon (m)	котелок (ч)	[kotɛ'lɔk]
haut-de-forme (m)	циліндр (ч)	[tsɨ'lindr]

36. Les chaussures

chaussures (f pl)	взуття (с)	[wzut'tʲa]
bottines (f pl)	черевики (мн)	[tʃɛrɛ'wɨkɨ]
souliers (m pl) (~ plats)	туфлі (мн)	['tufli]
bottes (f pl)	чоботи (мн)	['tʃɔbotɨ]
chaussons (m pl)	капці (мн)	['kaptsi]
tennis (m pl)	кросівки (мн)	[kro'siwkɨ]

baskets (f pl)	кеди (мн)	['kɛdi]
sandales (f pl)	сандалі (мн)	[san'dali]
cordonnier (m)	чоботар (ч)	[ʧobo'tar]
talon (m)	каблук (ч)	[kab'luk]
paire (f)	пара (ж)	['para]
lacet (m)	шнурок (ч)	[ʃnu'rɔk]
lacer (vt)	шнурувати	[ʃnuru'wati]
chausse-pied (m)	ложка (ж)	['lɔʒka]
cirage (m)	крем (ч) для взуття	[krɛm dlʲa wzut'tʲa]

37. Les accessoires personnels

gants (m pl)	рукавички (мн)	[ruka'wiʧki]
moufles (f pl)	рукавиці (мн)	[ruka'witsi]
écharpe (f)	шарф (ч)	[ʃarf]
lunettes (f pl)	окуляри (мн)	[oku'lʲari]
monture (f)	оправа (ж)	[op'rawa]
parapluie (m)	парасолька (ж)	[para'sɔlʲka]
canne (f)	ціпок (ч)	[tsi'pɔk]
brosse (f) à cheveux	щітка (ж) для волосся	['ɕitka dlʲa wo'lɔssʲa]
éventail (m)	віяло (с)	['wiʲalo]
cravate (f)	краватка (ж)	[kra'watka]
nœud papillon (m)	краватка-метелик (ж)	[kra'watka mɛ'tɛlik]
bretelles (f pl)	шлейки (мн)	['ʃlɛjki]
mouchoir (m)	носовичок (ч)	[nosowi'ʧɔk]
peigne (m)	гребінець (ч)	[ɦrɛbi'nɛts]
barrette (f)	заколка (ж)	[za'kɔlka]
épingle (f) à cheveux	шпилька (ж)	['ʃpilʲka]
boucle (f)	пряжка (ж)	['prʲaʒka]
ceinture (f)	пасок (ч)	['pasok]
bandoulière (f)	ремінь (ч)	['rɛminʲ]
sac (m)	сумка (ж)	['sumka]
sac (m) à main	сумочка (ж)	['sumoʧka]
sac (m) à dos	рюкзак (ч)	[rʲuk'zak]

38. Les vêtements. Divers

mode (f)	мода (ж)	['mɔda]
à la mode (adj)	модний	['mɔdnij]
couturier, créateur de mode	модельєр (ч)	[modɛ'lʲɛr]

col (m)	комір (ч)	['kɔmir]
poche (f)	кишеня (ж)	[kiˈʃɛnʲa]
de poche (adj)	кишеньковий	[kiʃɛnʲˈkɔwɨj]
manche (f)	рукав (ч)	[ruˈkaw]
bride (f)	петелька (ж)	[pɛˈtɛlʲka]
braguette (f)	ширінка (ж)	[ʃiˈrinka]

fermeture (f) à glissière	змійка (ж)	[ˈzmijka]
agrafe (f)	застібка (ж)	[ˈzastibka]
bouton (m)	ґудзик (ч)	[ˈgudzik]
boutonnière (f)	петля (ж)	[pɛtˈlʲa]
s'arracher (bouton)	відірватися	[widirˈwatisʲa]

coudre (vi, vt)	шити	[ˈʃiti]
broder (vt)	вишивати	[wiʃɨˈwati]
broderie (f)	вишивка (ж)	[ˈwiʃɨwka]
aiguille (f)	голка (ж)	[ˈhɔlka]
fil (m)	нитка (ж)	[ˈnitka]
couture (f)	шов (ч)	[ʃow]

se salir (vp)	забруднитися	[zabrudˈnitisʲa]
tache (f)	пляма (ж)	[ˈplʲama]
se froisser (vp)	пом'ятися	[poˈmʲjatisʲa]
déchirer (vt)	порвати	[porˈwati]
mite (f)	міль (ж)	[milʲ]

39. L'hygiène corporelle. Les cosmétiques

dentifrice (m)	зубна паста (ж)	[zubˈna ˈpasta]
brosse (f) à dents	зубна щітка (ж)	[zubˈna ˈɕitka]
se brosser les dents	чистити зуби	[ˈtʃistiti ˈzubi]

rasoir (m)	бритва (ж)	[ˈbritwa]
crème (f) à raser	крем (ч) для гоління	[krɛm dlʲa hoˈlinʲa]
se raser (vp)	голитися	[hoˈlitisʲa]

| savon (m) | мило (с) | [ˈmɨlo] |
| shampooing (m) | шампунь (ч) | [ʃamˈpunʲ] |

ciseaux (m pl)	ножиці (мн)	[ˈnɔʒitsi]
lime (f) à ongles	пилочка (ж) для нігтів	[ˈpɨlotʃka dlʲa ˈnihtiw]
pinces (f pl) à ongles	щипчики (мн)	[ˈɕiptʃiki]
pince (f) à épiler	пінцет (ч)	[pinˈtsɛt]

produits (m pl) de beauté	косметика (ж)	[kosˈmɛtika]
masque (m) de beauté	маска (ж)	[ˈmaska]
manucure (f)	манікюр (ч)	[maniˈkʲur]
se faire les ongles	робити манікюр	[roˈbiti maniˈkʲur]
pédicurie (f)	педикюр (ч)	[pɛdiˈkʲur]
trousse (f) de toilette	косметичка (ж)	[kosmɛˈtitʃka]

poudre (f)	пудра (ж)	['pudra]
poudrier (m)	пудрениця (ж)	['pudrɛnitsʲa]
fard (m) à joues	рум'яна (мн)	[ru'mʲana]
parfum (m)	парфуми (мн)	[par'fumɨ]
eau (f) de toilette	туалетна вода (ж)	[tua'lɛtna wo'da]
lotion (f)	лосьйон (ч)	[lo'sjon]
eau de Cologne (f)	одеколон (ч)	[odɛko'lɔn]
fard (m) à paupières	тіні (мн) для повік	['tini dlʲa po'wik]
crayon (m) à paupières	олівець (ч) для очей	[oli'wɛts dlʲa o'ʧɛj]
mascara (m)	туш (ж)	[tuʃ]
rouge (m) à lèvres	губна помада (ж)	[ɦub'na po'mada]
vernis (m) à ongles	лак (ч) для нігтів	[lak dlʲa 'niɦtiw]
laque (f) pour les cheveux	лак (ч) для волосся	[lak dlʲa wo'lɔssʲa]
déodorant (m)	дезодорант (ч)	[dɛzodo'rant]
crème (f)	крем (ч)	[krɛm]
crème (f) pour le visage	крем (ч) для обличчя	[krɛm dlʲa ob'liʧʲa]
crème (f) pour les mains	крем (ч) для рук	[krɛm dlʲa ruk]
crème (f) anti-rides	крем (ч) проти зморшок	[krɛm 'prɔti 'zmɔrʃok]
de jour (adj)	денний	['dɛnij]
de nuit (adj)	нічний	[niʧ'nij]
tampon (m)	тампон (ч)	[tam'pɔn]
papier (m) de toilette	туалетний папір (ч)	[tua'lɛtnij pa'pir]
sèche-cheveux (m)	фен (ч)	[fɛn]

40. Les montres. Les horloges

montre (f)	годинник (ч)	[ɦo'dɨnik]
cadran (m)	циферблат (ч)	[tsifɛrb'lat]
aiguille (f)	стрілка (ж)	['strilka]
bracelet (m)	браслет (ч)	[bras'lɛt]
bracelet (m) (en cuir)	ремінець (ч)	[rɛmi'nɛts]
pile (f)	батарейка (ж)	[bata'rɛjka]
être déchargé	сісти	['sisti]
changer de pile	поміняти батарейку	[pomi'nʲati bata'rɛjku]
avancer (vi)	поспішати	[pospi'ʃati]
retarder (vi)	відставати	[widsta'wati]
pendule (f)	годинник (ч)	[ɦo'dɨnik]
sablier (m)	годинник (ч) пісковий	[ɦo'dɨnik pis'kɔwij]
cadran (m) solaire	годинник (ч) сонячний	[ɦo'dɨnik 'sɔnʲaʧnij]
réveil (m)	будильник (ч)	[bu'dilʲnik]
horloger (m)	годинникар (ч)	[ɦodini'kar]
réparer (vt)	ремонтувати	[rɛmontu'wati]

L'EXPÉRIENCE QUOTIDIENNE

41. L'argent
42. La poste. Les services postaux
43. Les opérations bancaires
44. Le téléphone. La conversation téléphonique
45. Le téléphone portable
46. La papeterie
47. Les langues étrangères

T&P Books Publishing

41. L'argent

argent (m)	гроші (мн)	['ɦrɔʃi]
échange (m)	обмін (ч)	['ɔbmin]
cours (m) de change	курс (ч)	[kurs]
distributeur (m)	банкомат (ч)	[banko'mat]
monnaie (f)	монета (ж)	[mo'nɛta]
dollar (m)	долар (ч)	['dɔlar]
euro (m)	євро (ч)	['ɛwro]
lire (f)	ліра (ж)	['lira]
mark (m) allemand	марка (ж)	['marka]
franc (m)	франк (ч)	['frank]
livre sterling (f)	фунт (ч)	['funt]
yen (m)	ієна (ж)	[i'ɛna]
dette (f)	борг (ч)	['bɔrɦ]
débiteur (m)	боржник (ч)	[borʒ'nik]
prêter (vt)	позичити	[po'zit̪ʃiti]
emprunter (vt)	взяти в борг	['wzʲati w borɦ]
banque (f)	банк (ч)	[bank]
compte (m)	рахунок (ч)	[ra'hunok]
verser dans le compte	покласти на рахунок	[pok'lasti na ra'hunok]
retirer du compte	зняти з рахунку	['znʲati z ra'hunku]
carte (f) de crédit	кредитна картка (ж)	[krɛ'ditna 'kartka]
espèces (f pl)	готівка (ж)	[ɦo'tiwka]
chèque (m)	чек (ч)	[t͡ʃɛk]
faire un chèque	виписати чек	['wipisati 't͡ʃɛk]
chéquier (m)	чекова книжка (ж)	['t͡ʃɛkowa 'kniʒka]
portefeuille (m)	гаманець (ч)	[ɦama'nɛts]
bourse (f)	гаманець (ч)	[ɦama'nɛts]
coffre fort (m)	сейф (ч)	[sɛjf]
héritier (m)	спадкоємець (ч)	[spadko'ɛmɛts]
héritage (m)	спадщина (с)	['spadɕina]
fortune (f)	статок (ч)	['statok]
location (f)	оренда (ж)	[o'rɛnda]
loyer (m) (argent)	квартирна плата (ж)	[kwar'tirna 'plata]
louer (prendre en location)	наймати	[naj'mati]
prix (m)	ціна (ж)	[tsi'na]
coût (m)	вартість (ж)	['wartistʲ]

somme (f)	сума (ж)	['suma]
dépenser (vt)	витрачати	[witra'tʃati]
dépenses (f pl)	витрати (мн)	['witrati]
économiser (vt)	економити	[ɛko'nomiti]
économe (adj)	економний	[ɛko'nomnij]
payer (régler)	платити	[pla'titi]
paiement (m)	оплата (ж)	[op'lata]
monnaie (f) (rendre la ~)	решта (ж)	['rɛʃta]
impôt (m)	податок (ч)	[po'datok]
amende (f)	штраф (ч)	[ʃtraf]
mettre une amende	штрафувати	[ʃtrafu'wati]

42. La poste. Les services postaux

poste (f)	пошта (ж)	['poʃta]
courrier (m) (lettres, etc.)	пошта (ж)	['poʃta]
facteur (m)	листоноша (ч)	[listo'noʃa]
heures (f pl) d'ouverture	години (мн) роботи	[ɦo'dinɨ ro'boti]
lettre (f)	лист (ч)	[list]
recommandé (m)	рекомендований лист (ч)	[rɛkomɛn'dowanij list]
carte (f) postale	листівка (ж)	[lis'tiwka]
télégramme (m)	телеграма (ж)	[tɛlɛ'ɦrama]
colis (m)	посилка (ж)	[po'sɨlka]
mandat (m) postal	грошовий переказ (ч)	[ɦroʃo'wij pɛ'rɛkaz]
recevoir (vt)	отримати	[ot'rimati]
envoyer (vt)	відправити	[wid'prawiti]
envoi (m)	відправлення (с)	[wid'prawlɛnʲa]
adresse (f)	адреса (ж)	[ad'rɛsa]
code (m) postal	індекс (ч)	['indɛks]
expéditeur (m)	відправник (ч)	[wid'prawnɨk]
destinataire (m)	одержувач (ч)	[o'dɛrʒuwatʃ]
prénom (m)	ім'я (с)	[i'mʲa]
nom (m) de famille	прізвище (с)	['prizwɪɕɛ]
tarif (m)	тариф (ч)	[ta'rif]
normal (adj)	звичайний	[zwɨ'tʃajnij]
économique (adj)	економічний	[ɛkono'mitʃnij]
poids (m)	вага (ж)	[wa'ɦa]
peser (~ les lettres)	важити	['waʒɨti]
enveloppe (f)	конверт (ч)	[kon'wɛrt]
timbre (m)	марка (ж)	['marka]

43. Les opérations bancaires

banque (f)	банк (ч)	[bank]
agence (f) bancaire	відділення (с)	[wid'dilɛnʲa]
conseiller (m)	консультант (ч)	[konsulʲ'tant]
gérant (m)	управляючий (ч)	[uprawlʲaʲutʃij]
compte (m)	рахунок (ч)	[ra'hunok]
numéro (m) du compte	номер (ч) рахунка	['nomɛr ra'hunka]
compte (m) courant	поточний рахунок (ч)	[po'totʃnij ra'hunok]
compte (m) sur livret	накопичувальний рахунок (ч)	[nako'pitʃuwalʲnij ra'hunok]
ouvrir un compte	відкрити рахунок	[wid'kriti ra'hunok]
clôturer le compte	закрити рахунок	[za'kriti ra'hunok]
verser dans le compte	покласти на рахунок	[pok'lasti na ra'hunok]
retirer du compte	зняти з рахунку	['znʲati z ra'hunku]
dépôt (m)	внесок (ч)	['wnɛsok]
faire un dépôt	зробити внесок	[zro'biti 'wnɛsok]
virement (m) bancaire	переказ (ч)	[pɛ'rɛkaz]
faire un transfert	зробити переказ	[zro'biti pɛ'rɛkaz]
somme (f)	сума (ж)	['suma]
Combien?	Скільки?	['skilʲki]
signature (f)	підпис (ч)	['pidpis]
signer (vt)	підписати	[pidpi'sati]
carte (f) de crédit	кредитна картка (ж)	[krɛ'ditna 'kartka]
code (m)	код (ч)	[kod]
numéro (m) de carte de crédit	номер (ч) кредитної картки	['nomɛr krɛ'ditnoji 'kartki]
distributeur (m)	банкомат (ч)	[banko'mat]
chèque (m)	чек (ч)	[tʃɛk]
faire un chèque	виписати чек	['wipisati 'tʃɛk]
chéquier (m)	чекова книжка (ж)	['tʃɛkowa 'kniʒka]
crédit (m)	кредит (ч)	[krɛ'dit]
demander un crédit	звертатися за кредитом	[zwɛr'tatisʲa za krɛ'ditom]
prendre un crédit	брати кредит	['brati krɛ'dit]
accorder un crédit	надавати кредит	[nada'wati krɛ'dit]
gage (m)	застава (ж)	[za'stawa]

44. Le téléphone. La conversation téléphonique

téléphone (m)	телефон (ч)	[tɛlɛ'fɔn]
portable (m)	мобільний телефон (ч)	[mo'bilʲnij tɛlɛ'fɔn]

répondeur (m)	автовідповідач (ч)	[awtowidpowi'datʃ]
téléphoner, appeler	телефонувати	[tɛlɛfonu'watɨ]
appel (m)	дзвінок (ч)	[dzwi'nɔk]
composer le numéro	набрати номер	[nab'ratɨ 'nɔmɛr]
Allô!	Алло!	[a'lɔ]
demander (~ l'heure)	запитати	[zapɨ'tatɨ]
répondre (vi, vt)	відповісти	[widpo'wistɨ]
entendre (bruit, etc.)	чути	['tʃutɨ]
bien (adv)	добре	['dɔbrɛ]
mal (adv)	погано	[po'ɦano]
bruits (m pl)	перешкоди (мн)	[pɛrɛʃ'kɔdɨ]
récepteur (m)	трубка (ж)	['trubka]
décrocher (vt)	зняти трубку	['znʲatɨ 'trubku]
raccrocher (vi)	покласти трубку	[pok'lastɨ t'rubku]
occupé (adj)	зайнятий	['zajnʲatɨj]
sonner (vi)	дзвонити	[dzwo'nitɨ]
carnet (m) de téléphone	телефонна книга (ж)	[tɛlɛ'fɔna 'kniɦa]
local (adj)	місцевий	[mis'tsɛwɨj]
appel (m) local	місцевий зв'язок (ч)	[mis'tsɛwɨj 'zwʲazok]
interurbain (adj)	міжміський	[miʒmis'ʲkij]
appel (m) interurbain	міжміський зв'язок (ч)	[miʒmis'ʲkij 'zwʲazok]
international (adj)	міжнародний	[miʒna'rɔdnɨj]
appel (m) international	міжнародний зв'язок (ч)	[miʒna'rɔdnɨj 'zwʲazok]

45. Le téléphone portable

portable (m)	мобільний телефон (ч)	[mo'bilʲnij tɛlɛ'fɔn]
écran (m)	дисплей (ч)	[dɨs'plɛj]
bouton (m)	кнопка (ж)	['knɔpka]
carte SIM (f)	SIM-карта (ж)	[sim 'karta]
pile (f)	батарея (ж)	[bata'rɛʲa]
être déchargé	розрядитися	[rozrʲa'ditɨsʲa]
chargeur (m)	зарядний пристрій (ч)	[za'rʲadnɨj 'pristrɨj]
menu (m)	меню (с)	[mɛ'nʲu]
réglages (m pl)	настройки (мн)	[na'strɔjkɨ]
mélodie (f)	мелодія (ж)	[mɛ'lɔdiʲa]
sélectionner (vt)	вибрати	['wɨbratɨ]
calculatrice (f)	калькулятор (ч)	[kalʲku'lʲator]
répondeur (m)	автовідповідач (ч)	[awtowidpowi'datʃ]
réveil (m)	будильник (ч)	[bu'dɨlʲnik]
contacts (m pl)	телефонна книга (ж)	[tɛlɛ'fɔna 'kniɦa]
SMS (m)	SMS-повідомлення (с)	[ɛsɛ'mɛs powi'dɔmlɛnʲa]
abonné (m)	абонент (ч)	[abo'nɛnt]

46. La papeterie

stylo (m) à bille	авторучка (ж)	[awto'rutʃka]
stylo (m) à plume	ручка-перо (с)	['rutʃka pɛ'rɔ]
crayon (m)	олівець (ч)	[oli'wɛts]
marqueur (m)	маркер (ч)	['markɛr]
feutre (m)	фломастер (ч)	[flo'mastɛr]
bloc-notes (m)	блокнот (ч)	[blok'nɔt]
agenda (m)	щоденник (ч)	[ɕo'dɛnik]
règle (f)	лінійка (ж)	[li'nijka]
calculatrice (f)	калькулятор (ч)	[kalʲkuʲlʲator]
gomme (f)	гумка (ж)	['ɦumka]
punaise (f)	кнопка (ж)	['knɔpka]
trombone (m)	скріпка (ж)	['skripka]
colle (f)	клей (ч)	[klɛj]
agrafeuse (f)	степлер (ч)	['stɛplɛr]
perforateur (m)	діркопробивач (ч)	[dirkoprobi'watʃ]
taille-crayon (m)	стругачка (ж)	[stru'ɦatʃka]

47. Les langues étrangères

langue (f)	мова (ж)	['mɔwa]
langue (f) étrangère	іноземна мова (ж)	[ino'zɛmna 'mɔwa]
étudier (vt)	вивчати	[wiw'tʃati]
apprendre (~ l'arabe)	вчити	['wtʃiti]
lire (vi, vt)	читати	[tʃi'tati]
parler (vi, vt)	розмовляти	[rozmow'lʲati]
comprendre (vt)	розуміти	[rozu'miti]
écrire (vt)	писати	[pi'sati]
vite (adv)	швидко	['ʃwidko]
lentement (adv)	повільно	[po'wilʲno]
couramment (adv)	вільно	['wilʲno]
règles (f pl)	правила (мн)	['prawila]
grammaire (f)	граматика (ж)	[ɦra'matika]
vocabulaire (m)	лексика (ж)	['lɛksika]
phonétique (f)	фонетика (ж)	[fo'nɛtika]
manuel (m)	підручник (ч)	[pid'rutʃnik]
dictionnaire (m)	словник (ч)	[slow'nik]
manuel (m) autodidacte	самовчитель (ч)	[samow'tʃitɛlʲ]
guide (m) de conversation	розмовник (ч)	[roz'mɔwnik]
cassette (f)	касета (ж)	[ka'sɛta]

cassette (f) vidéo	відеокасета (ж)	['wideo ka'sɛta]
CD (m)	CD-диск (ч)	[si'di disk]
DVD (m)	DVD (ч)	[diwi'di]
alphabet (m)	алфавіт (ч)	[alfa'wit]
épeler (vt)	говорити по буквах	[ɦowo'riti po 'bukwah]
prononciation (f)	вимова (ж)	[wi'mɔwa]
accent (m)	акцент (ч)	[ak'tsɛnt]
avec un accent	з акцентом	[z ak'tsɛntom]
sans accent	без акценту (ч)	[bɛz ak'tsɛntu]
mot (m)	слово (с)	['slɔwo]
sens (m)	сенс (ч)	[sɛns]
cours (m pl)	курси (мн)	['kursi]
s'inscrire (vp)	записатися	[zapi'satisʲa]
professeur (m) (~ d'anglais)	викладач (ч)	[wikla'datʃ]
traduction (f) (action)	переклад (ч)	[pɛ'rɛklad]
traduction (f) (texte)	переклад (ч)	[pɛ'rɛklad]
traducteur (m)	перекладач (ч)	[pɛrɛkla'datʃ]
interprète (m)	перекладач (ч)	[pɛrɛkla'datʃ]
polyglotte (m)	поліглот (ч)	[poliɦ'lɔt]
mémoire (f)	пам'ять (ж)	['pamʲatʲ]

LES REPAS.
LE RESTAURANT

48. Le dressage de la table
49. Le restaurant
50. Les repas
51. Les plats cuisinés
52. Les aliments
53. Les boissons
54. Les légumes
55. Les fruits. Les noix
56. Le pain. Les confiseries
57. Les épices

T&P Books Publishing

48. Le dressage de la table

cuillère (f)	ложка (ж)	[ˈlɔʒka]
couteau (m)	ніж (ч)	[niʒ]
fourchette (f)	виделка (ж)	[wɨˈdɛlka]
tasse (f)	чашка (ж)	[ˈtʃaʃka]
assiette (f)	тарілка (ж)	[taˈrilka]
soucoupe (f)	блюдце (с)	[ˈblʲudt͡sɛ]
serviette (f)	серветка (ж)	[sɛrˈwɛtka]
cure-dent (m)	зубочистка (ж)	[zuboˈtʃistka]

49. Le restaurant

restaurant (m)	ресторан (ч)	[rɛstoˈran]
salon (m) de café	кав'ярня (ж)	[kaˈwʲarnʲa]
bar (m)	бар (ч)	[bar]
salon (m) de thé	чайна (ж)	[ˈtʃajna]
serveur (m)	офіціант (ч)	[ofitsiˈant]
serveuse (f)	офіціантка (ж)	[ofitsiˈantka]
barman (m)	бармен (ч)	[barˈmɛn]
carte (f)	меню (с)	[mɛˈnʲu]
carte (f) des vins	карта (ж) вин	[ˈkarta win]
réserver une table	забронювати столик	[zabronʲuˈwati ˈstɔlik]
plat (m)	страва (ж)	[ˈstrawa]
commander (vt)	замовити	[zaˈmɔwiti]
faire la commande	зробити замовлення	[zroˈbiti zaˈmɔwlɛnʲa]
apéritif (m)	аперитив (ч)	[apɛriˈtiw]
hors-d'œuvre (m)	закуска (ж)	[zaˈkuska]
dessert (m)	десерт (ч)	[dɛˈsɛrt]
addition (f)	рахунок (ч)	[raˈhunok]
régler l'addition	оплатити рахунок	[oplaˈtiti raˈhunok]
rendre la monnaie	дати решту	[ˈdati ˈrɛʃtu]
pourboire (m)	чайові (мн)	[tʃajoˈwi]

50. Les repas

nourriture (f)	їжа (ж)	[ˈjiʒa]
manger (vi, vt)	їсти	[ˈjisti]

petit déjeuner (m)	сніданок (ч)	[sni'danok]
prendre le petit déjeuner	снідати	['snidati]
déjeuner (m)	обід (ч)	[o'bid]
déjeuner (vi)	обідати	[o'bidati]
dîner (m)	вечеря (ж)	[wɛ'tʃɛrʲa]
dîner (vi)	вечеряти	[wɛ'tʃɛrʲati]
appétit (m)	апетит (ч)	[apɛ'tit]
Bon appétit!	Смачного!	[smatʃ'nɔɦo]
ouvrir (vt)	відкривати	[widkrʲi'wati]
renverser (liquide)	пролити	[pro'lʲiti]
se renverser (liquide)	пролитись	[pro'lʲitisʲ]
bouillir (vi)	кипіти	[kʲi'piti]
faire bouillir	кип'ятити	[kʲipʲja'titi]
bouilli (l'eau ~e)	кип'ячений	[kʲipʲja'tʃɛnij]
refroidir (vt)	охолодити	[oholo'diti]
se refroidir (vp)	охолоджуватись	[oho'lɔdʒuwatisʲ]
goût (m)	смак (ч)	[smak]
arrière-goût (m)	присмак (ч)	['prismak]
suivre un régime	худнути	['hudnuti]
régime (m)	дієта (ж)	[di'ɛta]
vitamine (f)	вітамін (ч)	[wita'min]
calorie (f)	калорія (ж)	[ka'lɔrʲia]
végétarien (m)	вегетаріанець (ч)	[wɛɦɛtarʲi'anɛts]
végétarien (adj)	вегетаріанський	[wɛɦɛtarʲi'ansʲkij]
lipides (m pl)	жири (мн)	[ʒi'ri]
protéines (f pl)	білки (мн)	[bilʲ'ki]
glucides (m pl)	вуглеводи (ч)	[wuɦlɛ'wɔdi]
tranche (f)	скибка (ж)	['skibka]
morceau (m)	шматок (ч)	[ʃma'tɔk]
miette (f)	крихта (ж)	['krihta]

51. Les plats cuisinés

plat (m)	страва (ж)	['strawa]
cuisine (f)	кухня (ж)	['kuhnʲa]
recette (f)	рецепт (ч)	[rɛ'tsɛpt]
portion (f)	порція (ж)	['pɔrtsʲia]
salade (f)	салат (ч)	[sa'lat]
soupe (f)	юшка (ж)	['ʲuʃka]
bouillon (m)	бульйон (ч)	[bulʲ'on]
sandwich (m)	канапка (ж)	[ka'napka]
les œufs brouillés	яєчня (ж)	[ja'ɛʃnʲa]

hamburger (m)	гамбургер (ч)	['hamburɦɛr]
steak (m)	біфштекс (ч)	[bifʃtɛks]
garniture (f)	гарнір (ч)	[ɦar'nir]
spaghettis (m pl)	спагеті (мн)	[spa'ɦɛti]
purée (f)	картопляне пюре (с)	[kartop'lʲanɛ pʲu'rɛ]
pizza (f)	піца (ж)	['pitsa]
bouillie (f)	каша (ж)	['kaʃa]
omelette (f)	омлет (ч)	[om'lɛt]
cuit à l'eau (adj)	варений	[wa'rɛnij]
fumé (adj)	копчений	[kop'tʃɛnij]
frit (adj)	смажений	['smaʒɛnij]
sec (adj)	сушений	['suʃɛnij]
congelé (adj)	заморожений	[zamo'rɔʒɛnij]
mariné (adj)	маринований	[mari'nɔwanij]
sucré (adj)	солодкий	[so'lɔdkij]
salé (adj)	солоний	[so'lɔnij]
froid (adj)	холодний	[ho'lɔdnij]
chaud (adj)	гарячий	[ɦa'rʲatʃij]
amer (adj)	гіркий	[ɦir'kij]
bon (savoureux)	смачний	[smatʃ'nij]
cuire à l'eau	варити	[wa'riti]
préparer (le dîner)	готувати	[ɦotu'wati]
faire frire	смажити	['smaʒiti]
réchauffer (vt)	розігрівати	[roziɦri'wati]
saler (vt)	солити	[so'liti]
poivrer (vt)	перчити	[pɛr'tʃiti]
râper (vt)	терти	['tɛrti]
peau (f)	шкірка (ж)	['ʃkirka]
éplucher (vt)	чистити	['tʃistiti]

52. Les aliments

viande (f)	м'ясо (с)	['mʲaso]
poulet (m)	курка (ж)	['kurka]
poulet (m) (poussin)	курча (с)	[kur'tʃa]
canard (m)	качка (ж)	['katʃka]
oie (f)	гусак (ч)	[ɦu'sak]
gibier (m)	дичина (ж)	[ditʃi'na]
dinde (f)	індичка (ж)	[in'ditʃka]
du porc	свинина (ж)	[swi'nina]
du veau	телятина (ж)	[tɛ'lʲatina]
du mouton	баранина (ж)	[ba'ranina]
du bœuf	яловичина (ж)	['ʲalowitʃina]
lapin (m)	кріль (ч)	[krilʲ]

saucisson (m)	ковбаса (ж)	[kowba'sa]
saucisse (f)	сосиска (ж)	[so'siska]
bacon (m)	бекон (ч)	[bɛ'kɔn]
jambon (m)	шинка (ж)	['ʃinka]
cuisse (f)	окіст (ч)	['ɔkist]
pâté (m)	паштет (ч)	[paʃ'tɛt]
foie (m)	печінка (ж)	[pɛ'tʃinka]
farce (f)	фарш (ч)	[farʃ]
langue (f)	язик (ч)	[ja'zik]
œuf (m)	яйце (с)	[jaj'tsɛ]
les œufs	яйця (мн)	['ʲajtsʲa]
blanc (m) d'œuf	білок (ч)	[bi'lɔk]
jaune (m) d'œuf	жовток (ч)	[ʒow'tɔk]
poisson (m)	риба (ж)	['riba]
fruits (m pl) de mer	морепродукти (мн)	[mɔrɛprɔ'dukti]
caviar (m)	ікра (ж)	[ik'ra]
crabe (m)	краб (ч)	[krab]
crevette (f)	креветка (ж)	[krɛ'wɛtka]
huître (f)	устриця (ж)	['ustritsʲa]
langoustine (f)	лангуст (ч)	[lan'ɦust]
poulpe (m)	восьминіг (ч)	[wɔsʲmi'niɦ]
calamar (m)	кальмар (ч)	[kalʲ'mar]
esturgeon (m)	осетрина (ж)	[ɔsɛt'rina]
saumon (m)	лосось (ч)	[lo'sɔsʲ]
flétan (m)	палтус (ч)	['paltus]
morue (f)	тріска (ж)	[tris'ka]
maquereau (m)	скумбрія (ж)	['skumbrʲia]
thon (m)	тунець (ч)	[tu'nɛts]
anguille (f)	вугор (ч)	[wu'ɦɔr]
truite (f)	форель (ж)	[fo'rɛlʲ]
sardine (f)	сардина (ж)	[sar'dina]
brochet (m)	щука (ж)	['ɕuka]
hareng (m)	оселедець (ч)	[ɔsɛ'lɛdɛts]
pain (m)	хліб (ч)	[hlib]
fromage (m)	сир (ч)	[sir]
sucre (m)	цукор (ч)	['tsukor]
sel (m)	сіль (ж)	[silʲ]
riz (m)	рис (ч)	[ris]
pâtes (m pl)	макарони (мн)	[maka'rɔni]
nouilles (f pl)	локшина (ж)	[lokʃi'na]
beurre (m)	вершкове масло (с)	[wɛrʃ'kɔwɛ 'maslo]
huile (f) végétale	олія (ж) рослинна	[o'lʲia ros'lina]

huile (f) de tournesol	соняшникова олія (ж)	['sɔnʲaʃnɪkowa o'lʲi a]
margarine (f)	маргарин (ч)	[marɦa'rɪn]
olives (f pl)	оливки (мн)	[o'lʲiwkɨ]
huile (f) d'olive	олія (ж) оливкова	[o'lʲi a o'lɪwkowa]
lait (m)	молоко (с)	[molo'kɔ]
lait (m) condensé	згущене молоко (с)	['zɦuɕɛnɛ molo'kɔ]
yogourt (m)	йогурт (ч)	['jɔɦurt]
crème (f) aigre	сметана (ж)	[smɛ'tana]
crème (f) (de lait)	вершки (мн)	[wɛrʃ'kɨ]
sauce (f) mayonnaise	майонез (ч)	[ma o'nɛz]
crème (f) au beurre	крем (ч)	[krɛm]
gruau (m)	крупа (ж)	[kru'pa]
farine (f)	борошно (с)	['bɔrɔʃno]
conserves (f pl)	консерви (мн)	[kon'sɛrwɨ]
pétales (m pl) de maïs	кукурудзяні пластівці (мн)	[kuku'rudzʲani plastiw'tsi]
miel (m)	мед (ч)	[mɛd]
confiture (f)	джем (ч)	[dʒɛm]
gomme (f) à mâcher	жувальна гумка (ж)	[ʒu'walʲna 'ɦumka]

53. Les boissons

eau (f)	вода (ж)	[wo'da]
eau (f) potable	питна вода (ж)	[pɨt'na wo'da]
eau (f) minérale	мінеральна вода (ж)	[minɛ'ralʲna wo'da]
plate (adj)	без газу	[bɛz 'ɦazu]
gazeuse (l'eau ~)	газований	[ɦa'zɔwanɨj]
pétillante (adj)	з газом	[z 'ɦazom]
glace (f)	лід (ч)	[lid]
avec de la glace	з льодом	[z lʲodom]
sans alcool	безалкогольний	[bɛzalko'ɦɔlʲnɨj]
boisson (f) non alcoolisée	безалкогольний напій (ч)	[bɛzalko'ɦɔlʲnɨj na'pij]
rafraîchissement (m)	прохолодній напій (ч)	[proho'lɔdnij na'pij]
limonade (f)	лимонад (ч)	[lɨmo'nad]
boissons (f pl) alcoolisées	алкогольні напої (мн)	[alko'ɦɔlʲni na'pɔjɨ]
vin (m)	вино (с)	[wɨ'nɔ]
vin (m) blanc	біле вино (с)	['bilɛ wɨ'nɔ]
vin (m) rouge	червоне вино (с)	[tʃɛr'wɔnɛ wɨ'nɔ]
liqueur (f)	лікер (ч)	[li'kɛr]
champagne (m)	шампанське (с)	[ʃam'pansʲkɛ]

vermouth (m)	вермут (ч)	['wɛrmut]
whisky (m)	віскі (с)	['wiski]
vodka (f)	горілка (ж)	[ɦoˈrilka]
gin (m)	джин (ч)	[dʒɨn]
cognac (m)	коньяк (ч)	[koˈnʲak]
rhum (m)	ром (ч)	[rom]
café (m)	кава (ж)	[ˈkawa]
café (m) noir	чорна кава (ж)	[ˈt͡ʃɔrna ˈkawa]
café (m) au lait	кава (ж) з молоком	[ˈkawa z moloˈkɔm]
cappuccino (m)	кава (ж) з вершками	[ˈkawa z wɛrʃkamɨ]
café (m) soluble	розчинна кава (ж)	[rozˈt͡ʃɨna ˈkawa]
lait (m)	молоко (с)	[moloˈkɔ]
cocktail (m)	коктейль (ч)	[kokˈtɛjlʲ]
cocktail (m) au lait	молочний коктейль (ч)	[moˈlɔt͡ʃnɨj kokˈtɛjlʲ]
jus (m)	сік (ч)	[sik]
jus (m) de tomate	томатний сік (ч)	[toˈmatnɨj ˈsik]
jus (m) d'orange	апельсиновий сік (ч)	[apɛlʲˈsɨnowɨj sik]
jus (m) pressé	свіжовижатий сік (ч)	[swiʒoˈwɨʒatɨj sik]
bière (f)	пиво (с)	[ˈpɨwo]
bière (f) blonde	світле пиво (с)	[ˈswitlɛ ˈpɨwo]
bière (f) brune	темне пиво (с)	[ˈtɛmnɛ ˈpɨwo]
thé (m)	чай (ч)	[t͡ʃaj]
thé (m) noir	чорний чай (ч)	[ˈt͡ʃɔrnɨj t͡ʃaj]
thé (m) vert	зелений чай (ч)	[zɛˈlɛnɨj t͡ʃaj]

54. Les légumes

légumes (m pl)	овочі (мн)	[ˈɔwot͡ʃi]
verdure (f)	зелень (ж)	[ˈzɛlɛnʲ]
tomate (f)	помідор (ч)	[pomiˈdɔr]
concombre (m)	огірок (ч)	[oɦiˈrɔk]
carotte (f)	морква (ж)	[ˈmɔrkwa]
pomme (f) de terre	картопля (ж)	[karˈtɔplʲa]
oignon (m)	цибуля (ж)	[t͡sɨˈbulʲa]
ail (m)	часник (ч)	[t͡ʃasˈnɨk]
chou (m)	капуста (ж)	[kaˈpusta]
chou-fleur (m)	кольорова капуста (ж)	[kolʲoˈrɔwa kaˈpusta]
chou (m) de Bruxelles	брюссельська капуста (ж)	[brʲuˈsɛlʲsʲka kaˈpusta]
brocoli (m)	капуста броколі (ж)	[kaˈpusta ˈbrɔkoli]
betterave (f)	буряк (ч)	[buˈrʲak]
aubergine (f)	баклажан (ч)	[baklaˈʒan]

courgette (f)	кабачок (ч)	[kaba'tʃɔk]
potiron (m)	гарбуз (ч)	[ɦarˈbuz]
navet (m)	ріпа (ж)	[ˈripa]
persil (m)	петрушка (ж)	[pɛtˈruʃka]
fenouil (m)	кріп (ч)	[krip]
laitue (f) (salade)	салат (ч)	[saˈlat]
céleri (m)	селера (ж)	[sɛˈlɛra]
asperge (f)	спаржа (ж)	[ˈsparʒa]
épinard (m)	шпинат (ч)	[ʃpiˈnat]
pois (m)	горох (ч)	[ɦoˈrɔh]
fèves (f pl)	боби (мн)	[boˈbi]
maïs (m)	кукурудза (ж)	[kukuˈrudza]
haricot (m)	квасоля (ж)	[kwaˈsɔlʲa]
poivron (m)	перець (ч)	[ˈpɛrɛts]
radis (m)	редька (ж)	[ˈrɛdʲka]
artichaut (m)	артишок (ч)	[artiˈʃɔk]

55. Les fruits. Les noix

fruit (m)	фрукт (ч)	[frukt]
pomme (f)	яблуко (с)	[ˈjabluko]
poire (f)	груша (ж)	[ˈɦruʃa]
citron (m)	лимон (ч)	[liˈmɔn]
orange (f)	апельсин (ч)	[apɛlʲˈsin]
fraise (f)	полуниця (ж)	[poluˈnitsʲa]
mandarine (f)	мандарин (ч)	[mandaˈrin]
prune (f)	слива (ж)	[ˈsliwa]
pêche (f)	персик (ч)	[ˈpɛrsik]
abricot (m)	абрикос (ч)	[abriˈkɔs]
framboise (f)	малина (ж)	[maˈlina]
ananas (m)	ананас (ч)	[anaˈnas]
banane (f)	банан (ч)	[baˈnan]
pastèque (f)	кавун (ч)	[kaˈwun]
raisin (m)	виноград (ч)	[winoˈɦrad]
cerise (f)	вишня (ж)	[ˈwiʃnʲa]
merise (f)	черешня (ж)	[tʃɛˈrɛʃnʲa]
melon (m)	диня (ж)	[ˈdinʲa]
pamplemousse (m)	грейпфрут (ч)	[ɦrɛjpˈfrut]
avocat (m)	авокадо (с)	[awoˈkado]
papaye (f)	папайя (ж)	[paˈpaja]
mangue (f)	манго (с)	[ˈmanɦo]
grenade (f)	гранат (ч)	[ɦraˈnat]
groseille (f) rouge	порічки (мн)	[poˈritʲki]
cassis (m)	чорна смородина (ж)	[ˈtʃɔrna smoˈrɔdina]

groseille (f) verte	аґрус (ч)	['agrus]
myrtille (f)	чорниця (ж)	[tʃorˈnitsʲa]
mûre (f)	ожина (ж)	[oˈʒɨna]
raisin (m) sec	родзинки (мн)	[roˈdzɨnkɨ]
figue (f)	інжир (ч)	[inˈʒɨr]
datte (f)	фінік (ч)	[ˈfinik]
cacahuète (f)	арахіс (ч)	[aˈrahis]
amande (f)	мигдаль (ч)	[mɨɦˈdalʲ]
noix (f)	горіх (ч) волоський	[ɦoˈrih woˈlosʲkij]
noisette (f)	ліщина (ж)	[liˈɕina]
noix (f) de coco	горіх (ч) кокосовий	[ɦoˈrih koˈkɔsowɨj]
pistaches (f pl)	фісташки (мн)	[fisˈtaʃkɨ]

56. Le pain. Les confiseries

confiserie (f)	кондитерські вироби (мн)	[konˈditɛrsʲki ˈwɨrobɨ]
pain (m)	хліб (ч)	[hlib]
biscuit (m)	печиво (с)	[ˈpɛtʃɨwo]
chocolat (m)	шоколад (ч)	[ʃokoˈlad]
en chocolat (adj)	шоколадний	[ʃokoˈladnɨj]
bonbon (m)	цукерка (ж)	[tsuˈkɛrka]
gâteau (m), pâtisserie (f)	тістечко (с)	[ˈtistɛtʃko]
tarte (f)	торт (ч)	[tort]
gâteau (m)	пиріг (ч)	[pɨˈriɦ]
garniture (f)	начинка (ж)	[naˈtʃɨnka]
confiture (f)	варення (с)	[waˈrɛnʲa]
marmelade (f)	мармелад (ч)	[marmɛˈlad]
gaufre (f)	вафлі (мн)	[ˈwafli]
glace (f)	морозиво (с)	[moˈrɔzɨwo]

57. Les épices

sel (m)	сіль (ж)	[silʲ]
salé (adj)	солоний	[soˈlɔnɨj]
saler (vt)	солити	[soˈlɨtɨ]
poivre (m) noir	чорний перець (ч)	[ˈtʃɔrnɨj ˈpɛrɛts]
poivre (m) rouge	червоний перець (ч)	[tʃɛrˈwɔnɨj ˈpɛrɛts]
moutarde (f)	гірчиця (ж)	[ɦirˈtʃɨtsʲa]
raifort (m)	хрін (ч)	[hrin]
condiment (m)	приправа (ж)	[prɨpˈrawa]
épice (f)	прянощі (мн)	[prʲaˈnɔɕi]

sauce (f)	**соус** (ч)	['sɔus]
vinaigre (m)	**оцет** (ч)	['ɔtsɛt]
anis (m)	**аніс** (ч)	['anis]
basilic (m)	**базилік** (ч)	[bazi'lik]
clou (m) de girofle	**гвоздика** (ж)	[ɦwoz'dika]
gingembre (m)	**імбир** (ч)	[im'bir]
coriandre (m)	**коріандр** (ч)	[kori'andr]
cannelle (f)	**кориця** (ж)	[ko'ritsʲa]
sésame (m)	**кунжут** (ч)	[kun'ʒut]
feuille (f) de laurier	**лавровий лист** (ч)	[law'rɔwij list]
paprika (m)	**паприка** (ж)	['paprika]
cumin (m)	**кмин** (ч)	[kmin]
safran (m)	**шафран** (ч)	[ʃafˈran]

LES DONNÉES PERSONNELLES. LA FAMILLE

58. Les données personnelles. Les formulaires
59. La famille. Les liens de parenté
60. Les amis. Les collègues

T&P Books Publishing

58. Les données personnelles. Les formulaires

prénom (m)	ім'я (с)	[i'mʲa]
nom (m) de famille	прізвище (с)	['prizwiɕɛ]
date (f) de naissance	дата (ж) народження	['data na'rɔdzɛnʲa]
lieu (m) de naissance	місце (с) народження	['mistsɛ na'rɔdzɛnʲa]
nationalité (f)	національність (ж)	[natsio'nalʲnistʲ]
domicile (m)	місце (с) проживання	['mistsɛ prɔʒi'wanʲa]
pays (m)	країна (ж)	[kra'jina]
profession (f)	професія (ж)	[prɔ'fɛsʲia]
sexe (m)	стать (ж)	[statʲ]
taille (f)	зріст (ч)	[zrist]
poids (m)	вага (ж)	[wa'ɦa]

59. La famille. Les liens de parenté

mère (f)	мати (ж)	['mati]
père (m)	батько (ч)	['batʲko]
fils (m)	син (ч)	[sin]
fille (f)	дочка (ж)	[dɔtʃ'ka]
fille (f) cadette	молодша дочка (ж)	[mɔ'lɔdʃa dɔtʃ'ka]
fils (m) cadet	молодший син (ч)	[mɔ'lɔdʃij sin]
fille (f) aînée	старша дочка (ж)	['starʃa dɔtʃ'ka]
fils (m) aîné	старший син (ч)	['starʃij sin]
frère (m)	брат (ч)	[brat]
sœur (f)	сестра (ж)	[sɛst'ra]
cousin (m)	двоюрідний брат (ч)	[dwɔʲu'ridnij brat]
cousine (f)	двоюрідна сестра (ж)	[dwɔʲu'ridna sɛst'ra]
maman (f)	мати (ж)	['mati]
papa (m)	тато (ч)	['tato]
parents (m pl)	батьки (мн)	[batʲ'ki]
enfant (m, f)	дитина (ж)	[di'tɨna]
enfants (pl)	діти (мн)	['diti]
grand-mère (f)	бабуся (ж)	[ba'busʲa]
grand-père (m)	дід (ч)	['did]
petit-fils (m)	онук (ч)	[o'nuk]
petite-fille (f)	онука (ж)	[o'nuka]
petits-enfants (pl)	онуки (мн)	[o'nukɨ]

oncle (m)	дядько (ч)	['dʲadʲko]
tante (f)	тітка (ж)	['titka]
neveu (m)	племінник (ч)	[plɛ'minik]
nièce (f)	племінниця (ж)	[plɛ'minitsʲa]

belle-mère (f)	теща (ж)	['tɛɕa]
beau-père (m)	свекор (ч)	['swɛkor]
gendre (m)	зять (ч)	[zʲatʲ]
belle-mère (f)	мачуха (ж)	['matʃuha]
beau-père (m)	вітчим (ч)	['witʃim]

nourrisson (m)	немовля (c)	[nɛmow'lʲa]
bébé (m)	немовля (c)	[nɛmow'lʲa]
petit (m)	малюк (ч)	[ma'lʲuk]

femme (f)	дружина (ж)	[dru'ʒina]
mari (m)	чоловік (ч)	[tʃolo'wik]
époux (m)	чоловік (ч)	[tʃolo'wik]
épouse (f)	дружина (ж)	[dru'ʒina]

marié (adj)	одружений	[od'ruʒɛnij]
mariée (adj)	заміжня	[za'miʒnʲa]
célibataire (adj)	холостий	[holos'tij]
célibataire (m)	холостяк (ч)	[holos'tʲak]
divorcé (adj)	розведений	[roz'wɛdɛnij]
veuve (f)	вдова (ж)	[wdo'wa]
veuf (m)	вдівець (ч)	[wdi'wɛts]

parent (m)	родич (ч)	['rɔditʃ]
parent (m) proche	близький родич (ч)	[blizʲ'kij 'rɔditʃ]
parent (m) éloigné	далекий родич (ч)	[da'lɛkij 'rɔditʃ]
parents (m pl)	рідні (мн)	['ridni]

orphelin (m), orpheline (f)	сирота (ч)	[siro'ta]
tuteur (m)	опікун (ч)	[opi'kun]
adopter (un garçon)	усиновити	[usino'witi]
adopter (une fille)	удочерити	[udotʃɛ'riti]

60. Les amis. Les collègues

ami (m)	товариш (ч)	[to'wariʃ]
amie (f)	подруга (ж)	['pɔdruha]
amitié (f)	дружба (ж)	['druʒba]
être ami	дружити	[dru'ʒiti]

copain (m)	приятель (ч)	['prijatɛlʲ]
copine (f)	приятелька (ж)	['prijatɛlʲka]
partenaire (m)	партнер (ч)	[part'nɛr]
chef (m)	шеф (ч)	[ʃɛf]
supérieur (m)	начальник (ч)	[na'tʃalʲnik]

subordonné (m)	**підлеглий** (ч)	[pid'lɛɦlij]
collègue (m, f)	**колега** (ч)	[ko'lɛɦa]
connaissance (f)	**знайомий** (ч)	[zna'jɔmij]
compagnon (m) de route	**попутник** (ч)	[po'putnik]
copain (m) de classe	**однокласник** (ч)	[odno'klasnik]
voisin (m)	**сусід** (ч)	[su'sid]
voisine (f)	**сусідка** (ж)	[su'sidka]
voisins (m pl)	**сусіди** (мн)	[su'sidi]

LE CORPS HUMAIN. LES MÉDICAMENTS

61. La tête
62. Le corps humain
63. Les maladies
64. Les symptômes. Le traitement. Partie 1
65. Les symptômes. Le traitement. Partie 2
66. Les symptômes. Le traitement. Partie 3
67. Les médicaments. Les accessoires

T&P Books Publishing

61. La tête

tête (f)	голова (ж)	[ɦolo'wa]
visage (m)	обличчя (с)	[ob'litʃʲa]
nez (m)	ніс (ч)	[nis]
bouche (f)	рот (ч)	[rot]
œil (m)	око (с)	['ɔko]
les yeux	очі (мн)	['ɔtʃi]
pupille (f)	зіниця (ч)	[zi'nitsʲa]
sourcil (m)	брова (ж)	[bro'wa]
cil (m)	вія (ж)	['wiʲa]
paupière (f)	повіка (ж)	[po'wika]
langue (f)	язик (ч)	[ja'zɨk]
dent (f)	зуб (ч)	[zub]
lèvres (f pl)	губи (мн)	['ɦubi]
pommettes (f pl)	вилиці (мн)	['wɨlitsi]
gencive (f)	ясна (мн)	['ʲasna]
palais (m)	піднебіння (с)	[pidnɛ'binʲa]
narines (f pl)	ніздрі (мн)	['nizdri]
menton (m)	підборіддя (с)	[pidbo'riddʲa]
mâchoire (f)	щелепа (ж)	[ɕɛ'lɛpa]
joue (f)	щока (ж)	[ɕo'ka]
front (m)	чоло (с)	[tʃo'lɔ]
tempe (f)	скроня (ж)	['skrɔnʲa]
oreille (f)	вухо (с)	['wuho]
nuque (f)	потилиця (ж)	[po'tɨlitsʲa]
cou (m)	шия (ж)	['ʃɨʲa]
gorge (f)	горло (с)	['ɦɔrlo]
cheveux (m pl)	волосся (с)	[wo'lɔssʲa]
coiffure (f)	зачіска (ж)	['zatʃiska]
coupe (f)	стрижка (ж)	['strɨʒka]
perruque (f)	парик (ч)	[pa'rɨk]
moustache (f)	вуса (мн)	['wusa]
barbe (f)	борода (ж)	[boro'da]
porter (~ la barbe)	носити	[no'sɨti]
tresse (f)	коса (ж)	[ko'sa]
favoris (m pl)	бакенбарди (мн)	[bakɛn'bardɨ]
roux (adj)	рудий	[ru'dɨj]
gris, grisonnant (adj)	сивий	['sɨwɨj]

chauve (adj)	лисий	['lisɨj]
calvitie (f)	лисина (ж)	['lisɨna]

queue (f) de cheval	хвіст (ч)	[hwist]
frange (f)	чубчик (ч)	['ʧubʧik]

62. Le corps humain

main (f)	кисть (ж)	[kistʲ]
bras (m)	рука (ж)	[ru'ka]

doigt (m)	палець (ч)	['palɛts]
pouce (m)	великий палець (ч)	[wɛ'likɨj 'palɛts]
petit doigt (m)	мізинець (ч)	[mi'zinɛts]
ongle (m)	ніготь (ч)	['niɦotʲ]

poing (m)	кулак (ч)	[ku'lak]
paume (f)	долоня (ж)	[do'lonʲa]
poignet (m)	зап'ясток (ч)	[za'pʲastok]
avant-bras (m)	передпліччя (с)	[pɛrɛdp'liʧʲa]

coude (m)	лікоть (ч)	['likotʲ]
épaule (f)	плече (с)	[plɛ'ʧɛ]

jambe (f)	гомілка (ж)	[ɦo'milka]
pied (m)	ступня (ж)	[stup'nʲa]
genou (m)	коліно (с)	[ko'lino]
mollet (m)	литка (ж)	['litka]

hanche (f)	стегно (с)	[stɛɦ'no]
talon (m)	п'ятка (ж)	['pʲatka]

corps (m)	тіло (с)	['tilo]
ventre (m)	живіт (ч)	[ʒɨ'wit]
poitrine (f)	груди (мн)	['ɦrudɨ]
sein (m)	груди (мн)	['ɦrudɨ]
côté (m)	бік (ч)	[bik]
dos (m)	спина (ж)	['spɨna]

reins (région lombaire)	поперек (ч)	[popɛ'rɛk]
taille (f) (~ de guêpe)	талія (ж)	['talʲia]

nombril (m)	пупок (ч)	[pu'pok]
fesses (f pl)	сідниці (мн)	[sid'nitsi]
derrière (m)	зад (ч)	[zad]

grain (m) de beauté	родимка (ж)	['rɔdɨmka]
tache (f) de vin	родима пляма (ж)	[ro'dɨma 'plʲama]
tatouage (m)	татуювання (с)	[tatuʲu'wanʲa]
cicatrice (f)	рубець (ч)	[ru'bɛts]

63. Les maladies

maladie (f)	хвороба (ж)	[hwo'rɔba]
être malade	хворіти	[hwo'ritɨ]
santé (f)	здоров'я (с)	[zdo'rɔwʲa]
rhume (m) (coryza)	нежить (ч)	['nɛʒitʲ]
angine (f)	ангіна (ж)	[an'ɦina]
refroidissement (m)	застуда (ж)	[za'studa]
prendre froid	застудитися	[zastu'dɨtisʲa]
bronchite (f)	бронхіт (ч)	[bron'hit]
pneumonie (f)	запалення (с) легенів	[za'palɛnja lɛ'ɦɛniw]
grippe (f)	грип (ч)	[ɦrip]
myope (adj)	короткозорий	[korotko'zorɨj]
presbyte (adj)	далекозорий	[dalɛko'zorɨj]
strabisme (m)	косоокість (ж)	[koso'ɔkistʲ]
strabique (adj)	косоокий	[koso'ɔkij]
cataracte (f)	катаракта (ж)	[kata'rakta]
glaucome (m)	глаукома (ж)	[ɦlau'kɔma]
insulte (f)	інсульт (ч)	[in'sulʲt]
crise (f) cardiaque	інфаркт (ч)	[in'farkt]
infarctus (m) de myocarde	інфаркт (ч) міокарду	[in'farkt mio'kardu]
paralysie (f)	параліч (ч)	[para'litʃ]
paralyser (vt)	паралізувати	[paralizu'watɨ]
allergie (f)	алергія (ж)	[alɛr'ɦiʲa]
asthme (m)	астма (ж)	['astma]
diabète (m)	діабет (ч)	[dia'bɛt]
mal (m) de dents	зубний біль (ч)	[zub'nɨj bilʲ]
carie (f)	карієс (ч)	['kariɛs]
diarrhée (f)	діарея (ж)	[dia'rɛʲa]
constipation (f)	запор (ч)	[za'pɔr]
estomac (m) barbouillé	розлад (ч) шлунку	['rɔzlad 'ʃlunku]
intoxication (f) alimentaire	отруєння (с)	[ot'ruɛnʲa]
être intoxiqué	отруїтись	[otru'jitɨsʲ]
arthrite (f)	артрит (ч)	[art'rit]
rachitisme (m)	рахіт (ч)	[ra'hit]
rhumatisme (m)	ревматизм (ч)	[rɛwma'tizm]
athérosclérose (f)	атеросклероз (ч)	[atɛrosklɛ'rɔz]
gastrite (f)	гастрит (ч)	[ɦast'rit]
appendicite (f)	апендицит (ч)	[apɛndi'tsit]
cholécystite (f)	холецистит (ч)	[holɛtsɨs'tit]
ulcère (m)	виразка (ж)	['wɨrazka]
rougeole (f)	кір (ч)	[kir]

rubéole (f)	краснуха (ж)	[kras'nuha]
jaunisse (f)	жовтуха (ж)	[ʒow'tuha]
hépatite (f)	гепатит (ч)	[hɛpa'tit]
schizophrénie (f)	шизофренія (ж)	[ʃizofrɛ'niʲa]
rage (f) (hydrophobie)	сказ (ч)	[skaz]
névrose (f)	невроз (ч)	[nɛw'rɔz]
commotion (f) cérébrale	струс (ч) мозку	['strus 'mɔzku]
cancer (m)	рак (ч)	[rak]
sclérose (f)	склероз (ч)	[sklɛ'rɔz]
sclérose (f) en plaques	розсіяний склероз (ч)	[rozˈsiʲanɨj sklɛ'rɔz]
alcoolisme (m)	алкоголізм (ч)	[alkoɦo'lizm]
alcoolique (m)	алкоголік (ч)	[alko'ɦɔlik]
syphilis (f)	сифіліс (ч)	['sɨfilis]
SIDA (m)	СНІД (ч)	[snid]
tumeur (f)	пухлина (ж)	[puh'lɨna]
maligne (adj)	злоякісна	[zloˈʲakisna]
bénigne (adj)	доброякісний	[dobroˈʲakisnɨj]
fièvre (f)	гарячка (ж)	[ɦa'rʲatʃka]
malaria (f)	малярія (ж)	[malʲa'riʲa]
gangrène (f)	гангрена (ж)	[ɦan'ɦrɛna]
mal (m) de mer	морська хвороба (ж)	[morsʲ'ka hwo'rɔba]
épilepsie (f)	епілепсія (ж)	[ɛpi'lɛpsiʲa]
épidémie (f)	епідемія (ж)	[ɛpi'dɛmiʲa]
typhus (m)	тиф (ч)	[tɨf]
tuberculose (f)	туберкульоз (ч)	[tubɛrku'lʲoz]
choléra (m)	холера (ж)	[ho'lɛra]
peste (f)	чума (ж)	[tʃu'ma]

64. Les symptômes. Le traitement. Partie 1

symptôme (m)	симптом (ч)	[sɨmp'tɔm]
température (f)	температура (ж)	[tɛmpɛra'tura]
fièvre (f)	висока температура (ж)	[wi'sɔka tɛmpɛra'tura]
pouls (m)	пульс (ч)	[pulʲs]
vertige (m)	запаморочення (с)	[za'pamorotʃɛnʲa]
chaud (adj)	гарячий	[ɦa'rʲatʃɨj]
frisson (m)	озноб (ч)	[oz'nɔb]
pâle (adj)	блідий	[bli'dɨj]
toux (f)	кашель (ч)	['kaʃɛlʲ]
tousser (vi)	кашляти	['kaʃlʲatɨ]
éternuer (vi)	чхати	['tʃhatɨ]
évanouissement (m)	непритомність (ж)	[nɛprɨ'tɔmnistʲ]

s'évanouir (vp)	знепритомніти	[znɛpri'tɔmniti]
bleu (m)	синець (ч)	[si'nɛts]
bosse (f)	гуля (ж)	['ɦulʲa]
se heurter (vp)	ударитись	[u'daritisʲ]
meurtrissure (f)	забите місце (с)	[za'bitɛ 'mistsɛ]
se faire mal	забитися	[za'bitisʲa]
boiter (vi)	кульгати	[kulʲ'ɦati]
foulure (f)	вивих (ч)	['wiwiɦ]
se démettre (l'épaule, etc.)	вивихнути	['wiwiɦnuti]
fracture (f)	перелом (ч)	[pɛrɛ'lɔm]
avoir une fracture	дістати перелом	[dis'tati pɛrɛ'lɔm]
coupure (f)	поріз (ч)	[pɔ'riz]
se couper (~ le doigt)	порізатися	[pɔ'rizatisʲa]
hémorragie (f)	кровотеча (ж)	[krɔwɔ'tɛtʃa]
brûlure (f)	опік (ч)	['ɔpik]
se brûler (vp)	обпектися	[ɔbpɛk'tisʲa]
se piquer (le doigt)	уколоти	[ukɔ'lɔti]
se piquer (vp)	уколотися	[ukɔ'lɔtisʲa]
blesser (vt)	пошкодити	[pɔʃ'kɔditi]
blessure (f)	ушкодження (с)	[uʃ'kɔdzɛnʲa]
plaie (f) (blessure)	рана (ж)	['rana]
trauma (m)	травма (ж)	['trawma]
délirer (vi)	марити	['mariti]
bégayer (vi)	заїкатися	[zaji'katisʲa]
insolation (f)	сонячний удар (ч)	['sɔnʲatʃnij u'dar]

65. Les symptômes. Le traitement. Partie 2

douleur (f)	біль (ч)	[bilʲ]
écharde (f)	скалка (ж)	['skalka]
sueur (f)	піт (ч)	[pit]
suer (vi)	спітніти	[spit'niti]
vomissement (m)	блювота (ж)	[blʲu'wɔta]
spasmes (m pl)	судома (ж)	[su'dɔma]
enceinte (adj)	вагітна	[wa'ɦitna]
naître (vi)	народитися	[narɔ'ditisʲa]
accouchement (m)	пологи (мн)	[pɔ'lɔɦi]
accoucher (vi)	народжувати	[na'rɔdzuwati]
avortement (m)	аборт (ч)	[a'bɔrt]
respiration (f)	дихання (с)	['diɦanʲa]
inhalation (f)	вдих (ч)	[wdiɦ]
expiration (f)	видих (ч)	['widiɦ]

expirer (vi)	видихнути	['wɨdɨhnutɨ]
inspirer (vi)	зробити вдих	[zro'bɨtɨ wdɨh]
invalide (m)	інвалід (ч)	[inwa'lid]
handicapé (m)	каліка (ч)	[ka'lika]
drogué (m)	наркоман (ч)	[narko'man]
sourd (adj)	глухий (ч)	[ɦlu'hij]
muet (adj)	німий (ч)	[ni'mɨj]
sourd-muet (adj)	глухонімий (ч)	[ɦluhoni'mij]
fou (adj)	божевільний	[bɔʒɛ'wilʲnɨj]
fou (m)	божевільний (ч)	[bɔʒɛ'wilʲnɨj]
folle (f)	божевільна (ж)	[bɔʒɛ'wilʲna]
devenir fou	збожеволіти	[zbɔʒɛ'wolitɨ]
gène (m)	ген (ч)	[ɦɛn]
immunité (f)	імунітет (ч)	[imuni'tɛt]
héréditaire (adj)	спадковий	[spad'kɔwɨj]
congénital (adj)	вроджений	['wrɔdzɛnɨj]
virus (m)	вірус (ч)	['wirus]
microbe (m)	мікроб (ч)	[mik'rɔb]
bactérie (f)	бактерія (ж)	[bak'tɛriʲa]
infection (f)	інфекція (ж)	[in'fɛktsiʲa]

66. Les symptômes. Le traitement. Partie 3

hôpital (m)	лікарня (ж)	[li'karnʲa]
patient (m)	пацієнт (ч)	[patsi'ɛnt]
diagnostic (m)	діагноз (ч)	[di'aɦnoz]
cure (f) (faire une ~)	лікування (с)	[liku'wanʲa]
traitement (m)	лікування (с)	[liku'wanʲa]
se faire soigner	лікуватися	[liku'watisʲa]
traiter (un patient)	лікувати	[liku'watɨ]
soigner (un malade)	доглядати	[doɦlʲa'datɨ]
soins (m pl)	догляд (ч)	['dɔɦlʲad]
opération (f)	операція (ж)	[opɛ'ratsiʲa]
panser (vt)	перев'язати	[pɛrɛw'ʲa'zatɨ]
pansement (m)	перев'язка (ж)	[pɛrɛ'w'ʲazka]
vaccination (f)	щеплення (с)	['ɕɛplɛnʲa]
vacciner (vt)	робити щеплення	[ro'bɨtɨ 'ɕɛplɛnʲa]
piqûre (f)	ін'єкція (ж)	[i'nˀɛktsiʲa]
faire une piqûre	робити укол	[ro'bɨtɨ u'kɔl]
amputation (f)	ампутація (ж)	[ampu'tatsiʲa]
amputer (vt)	ампутувати	[amputu'watɨ]

coma (m)	кома (ж)	['kɔma]
être dans le coma	бути в комі	['buti w 'kɔmi]
réanimation (f)	реанімація (ж)	[rɛani'matsiʲa]

se rétablir (vp)	видужувати	[wiˈduʒuwati]
état (m) (de santé)	стан (ч)	['stan]
conscience (f)	свідомість (ж)	[swiˈdɔmistʲ]
mémoire (f)	пам'ять (ж)	['pamʲatʲ]

arracher (une dent)	видалити	['widaliti]
plombage (m)	пломба (ж)	['plɔmba]
plomber (vt)	пломбувати	[plɔmbuˈwati]

hypnose (f)	гіпноз (ч)	[ɦipˈnɔz]
hypnotiser (vt)	гіпнотизувати	[ɦipnotizuˈwati]

67. Les médicaments. Les accessoires

médicament (m)	ліки (мн)	['liki]
remède (m)	засіб (ч)	['zasib]
prescrire (vt)	прописати	[propiˈsati]
ordonnance (f)	рецепт (ч)	[rɛˈtsɛpt]

comprimé (m)	пігулка (ж)	[piˈɦulka]
onguent (m)	мазь (ж)	[mazʲ]
ampoule (f)	ампула (ж)	['ampula]
mixture (f)	мікстура (ж)	[miksˈtura]
sirop (m)	сироп (ч)	[siˈrɔp]
pilule (f)	пілюля (ж)	[piˈlʲulʲa]
poudre (f)	порошок (ч)	[poroˈʃɔk]

bande (f)	бинт (ч)	[bint]
coton (m) (ouate)	вата (ж)	['wata]
iode (m)	йод (ч)	[ʲod]

sparadrap (m)	лейкопластир (ч)	[lɛjkoˈplastir]
compte-gouttes (m)	піпетка (ж)	[piˈpɛtka]
thermomètre (m)	градусник (ч)	['ɦradusnik]
seringue (f)	шприц (ч)	[ʃprits]

fauteuil (m) roulant	коляска (ж)	[koˈlʲaska]
béquilles (f pl)	милиці (мн)	['militsi]

anesthésique (m)	знеболювальне (с)	[znɛboˈlʲuwalʲnɛ]
purgatif (m)	проносне (с)	[pronosˈnɛ]
alcool (m)	спирт (ч)	[spirt]
herbe (f) médicinale	трава (ж)	[traˈwa]
d'herbes (adj)	трав'яний	[trawʲaˈnij]

L'APPARTEMENT

68. L'appartement
69. Les meubles. L'intérieur
70. La literie
71. La cuisine
72. La salle de bains
73. Les appareils électroménagers

T&P Books Publishing

68. L'appartement

appartement (m)	квартира (ж)	[kwarˈtɨra]
chambre (f)	кімната (ж)	[kimˈnata]
chambre (f) à coucher	спальня (ж)	[ˈspalʲnʲa]
salle (f) à manger	їдальня (ж)	[ˈjidalʲnʲa]
salon (m)	вітальня (ж)	[wiˈtalʲnʲa]
bureau (m)	кабінет (ч)	[kabiˈnɛt]
antichambre (f)	передпокій (ч)	[pɛrɛdˈpɔkij]
salle (f) de bains	ванна кімната (ж)	[ˈwana kimˈnata]
toilettes (f pl)	туалет (ч)	[tuaˈlɛt]
plafond (m)	стеля (ж)	[ˈstɛlʲa]
plancher (m)	підлога (ж)	[pidˈlɔɦa]
coin (m)	куток (ч)	[kuˈtɔk]

69. Les meubles. L'intérieur

meubles (m pl)	меблі (мн)	[ˈmɛbli]
table (f)	стіл (ч)	[stil]
chaise (f)	стілець (ч)	[stiˈlɛts]
lit (m)	ліжко (с)	[ˈliʒko]
canapé (m)	диван (ч)	[dɨˈwan]
fauteuil (m)	крісло (с)	[ˈkrislo]
bibliothèque (f) (meuble)	шафа (ж)	[ˈʃafa]
rayon (m)	полиця (ж)	[poˈlɨtsʲa]
armoire (f)	шафа (ж)	[ˈʃafa]
patère (f)	вішалка (ж)	[ˈwiʃalka]
portemanteau (m)	вішак (ч)	[wiˈʃak]
commode (f)	комод (ч)	[koˈmɔd]
table (f) basse	журнальний столик (ч)	[ʒurˈnalʲnij ˈstɔlik]
miroir (m)	дзеркало (с)	[ˈdzɛrkalo]
tapis (m)	килим (ч)	[ˈkɨlɨm]
petit tapis (m)	килимок (ч)	[kɨlɨˈmɔk]
cheminée (f)	камін (ч)	[kaˈmin]
bougie (f)	свічка (ж)	[ˈswitʃka]
chandelier (m)	свічник (ч)	[switʃˈnɨk]
rideaux (m pl)	штори (мн)	[ˈʃtɔrɨ]

papier (m) peint	шпалери (мн)	[ʃpaˈlɛri]
jalousie (f)	жалюзі (мн)	[ˈʒalʲuzi]

lampe (f) de table	настільна лампа (ж)	[naˈstilʲna ˈlampa]
applique (f)	світильник (ч)	[swiˈtilʲnɨk]
lampadaire (m)	торшер (ч)	[torˈʃɛr]
lustre (m)	люстра (ж)	[ˈlʲustra]

pied (m) (~ de la table)	ніжка (ж)	[ˈniʒka]
accoudoir (m)	підлокітник (ч)	[pidloˈkitnɨk]
dossier (m)	спинка (ж)	[ˈspɨnka]
tiroir (m)	шухляда (ж)	[ʃuhˈlʲada]

70. La literie

linge (m) de lit	білизна (ж)	[biˈlɨzna]
oreiller (m)	подушка (ж)	[poˈduʃka]
taie (f) d'oreiller	наволочка (ж)	[ˈnawolotʃka]
couverture (f)	ковдра (ж)	[ˈkɔwdra]
drap (m)	простирадло (с)	[prostɨˈradlo]
couvre-lit (m)	покривало (с)	[pokrɨˈwalo]

71. La cuisine

cuisine (f)	кухня (ж)	[ˈkuhnʲa]
gaz (m)	газ (ч)	[ɦaz]
cuisinière (f) à gaz	плита (ж) газова	[plɨˈta ˈɦazowa]
cuisinière (f) électrique	плита (ж) електрична	[plɨˈta ɛlɛktˈrɨtʃna]
four (m)	духовка (ж)	[duˈhɔwka]
four (m) micro-ondes	мікрохвильова піч (ж)	[mikrohwɨlʲoˈwa pitʃ]

réfrigérateur (m)	холодильник (ч)	[holoˈdɨlʲnɨk]
congélateur (m)	морозильник (ч)	[moroˈzɨlʲnɨk]
lave-vaisselle (m)	посудомийна машина (ж)	[posudoˈmɨjna maˈʃɨna]

hachoir (m) à viande	м'ясорубка (ж)	[mʲjasoˈrubka]
centrifugeuse (f)	соковижималка (ж)	[sokowɨʒɨˈmalka]
grille-pain (m)	тостер (ч)	[ˈtɔstɛr]
batteur (m)	міксер (ч)	[ˈmiksɛr]

machine (f) à café	кавоварка (ж)	[kawoˈwarka]
cafetière (f)	кавник (ч)	[kawˈnɨk]
moulin (m) à café	кавомолка (ж)	[kawoˈmɔlka]

bouilloire (f)	чайник (ч)	[ˈtʃajnɨk]
théière (f)	заварник (ч)	[zaˈwarnɨk]
couvercle (m)	кришка (ж)	[ˈkrɨʃka]

passoire (f) à thé	ситечко (с)	['sitɛtʃko]
cuillère (f)	ложка (ж)	['lɔʒka]
petite cuillère (f)	чайна ложка (ж)	['tʃajna 'lɔʒka]
cuillère (f) à soupe	столова ложка (ж)	[sto'lowa 'lɔʒka]
fourchette (f)	виделка (ж)	[wi'dɛlka]
couteau (m)	ніж (ч)	[niʒ]

vaisselle (f)	посуд (ч)	['posud]
assiette (f)	тарілка (ж)	[ta'rilka]
soucoupe (f)	блюдце (с)	['blʲudtsɛ]

verre (m) à shot	чарка (ж)	['tʃarka]
verre (m) (~ d'eau)	склянка (ж)	['sklʲanka]
tasse (f)	чашка (ж)	['tʃaʃka]

sucrier (m)	цукорниця (ж)	['tsukornitsʲa]
salière (f)	сільничка (ж)	[silʲ'nitʃka]
poivrière (f)	перечниця (ж)	['pɛrɛtʃnitsʲa]
beurrier (m)	масланка (ж)	['maslʲanka]

casserole (f)	каструля (ж)	[kas'trulʲa]
poêle (f)	сковорідка (ж)	[skowo'ridka]
louche (f)	черпак (ч)	[tʃɛr'pak]
passoire (f)	друшляк (ч)	[druʃ'lʲak]
plateau (m)	піднос (ч)	[pid'nɔs]

bouteille (f)	пляшка (ж)	['plʲaʃka]
bocal (m) (à conserves)	банка (ж)	['banka]
boîte (f) en fer-blanc	банка (ж)	['banka]

ouvre-bouteille (m)	відкривачка (ж)	[widkri'watʃka]
ouvre-boîte (m)	відкривачка (ж)	[widkri'watʃka]
tire-bouchon (m)	штопор (ч)	['ʃtopor]
filtre (m)	фільтр (ч)	['filʲtr]
filtrer (vt)	фільтрувати	[filʲtru'wati]

ordures (f pl)	сміття (с)	[smit'tʲa]
poubelle (f)	відро (с) для сміття	[wid'ro dlʲa smit'tʲa]

72. La salle de bains

salle (f) de bains	ванна кімната (ж)	['wana kim'nata]
eau (f)	вода (ж)	[wo'da]
robinet (m)	кран (ч)	[kran]
eau (f) chaude	гаряча вода (ж)	[ɦa'ratʃa wo'da]
eau (f) froide	холодна вода (ж)	[ho'lɔdna wo'da]

dentifrice (m)	зубна паста (ж)	[zub'na 'pasta]
se brosser les dents	чистити зуби	['tʃistiti 'zubi]
se raser (vp)	голитися	[ɦo'litisʲa]

mousse (f) à raser	піна (ж) для гоління	['pina dlʲa ɦo'linʲa]
rasoir (m)	бритва (ж)	['brɨtwa]

laver (vt)	мити	['mɨtɨ]
se laver (vp)	митися	['mɨtɨsʲa]
douche (f)	душ (ч)	[duʃ]
prendre une douche	приймати душ	[prɨj'matɨ duʃ]

baignoire (f)	ванна (ж)	['wana]
cuvette (f)	унітаз (ч)	[uni'taz]
lavabo (m)	раковина (ж)	['rakowɨna]

savon (m)	мило (с)	['mɨlo]
porte-savon (m)	мильниця (ж)	['mɨlʲnɨtsʲa]

éponge (f)	губка (ж)	['ɦubka]
shampooing (m)	шампунь (ч)	[ʃam'punʲ]
serviette (f)	рушник (ч)	[ruʃ'nɨk]
peignoir (m) de bain	халат (ч)	[ɦa'lat]

lessive (f) (faire la ~)	прання (с)	[pra'nʲa]
machine (f) à laver	пральна машина (ж)	['pralʲna ma'ʃɨna]
faire la lessive	прати білизну	['pratɨ bi'lɨznu]
lessive (f) (poudre)	пральний порошок (ч)	['pralʲnɨj poro'ʃɔk]

73. Les appareils électroménagers

téléviseur (m)	телевізор (ч)	[tɛlɛ'wizor]
magnétophone (m)	магнітофон (ч)	[maɦnito'fɔn]
magnétoscope (m)	відеомагнітофон (ч)	['widɛo maɦnito'fɔn]
radio (f)	приймач (ч)	[prɨj'matʃ]
lecteur (m)	плеєр (ч)	['plɛɛr]

vidéoprojecteur (m)	відеопроектор (ч)	['widɛo pro'ɛktor]
home cinéma (m)	домашній кінотеатр (ч)	[do'maʃnij kinotɛ'atr]
lecteur DVD (m)	програвач (ч) DVD	[proɦra'watʃ diwi'di]
amplificateur (m)	підсилювач (ч)	[pid'sɨlʲuwatʃ]
console (f) de jeux	гральна приставка (ж)	['ɦralʲna prɨ'stawka]

caméscope (m)	відеокамера (ж)	['widɛo 'kamɛra]
appareil (m) photo	фотоапарат (ч)	[fotoapa'rat]
appareil (m) photo numérique	цифровий фотоапарат (ч)	[tsɨfro'wɨj fotoapa'rat]

aspirateur (m)	пилосос (ч)	[pɨlo'sɔs]
fer (m) à repasser	праска (ж)	['praska]
planche (f) à repasser	дошка (ж) для прасування	['dɔʃka dlʲa prasu'wanʲa]
téléphone (m)	телефон (ч)	[tɛlɛ'fɔn]
portable (m)	мобільний телефон (ч)	[mo'bilʲnɨj tɛlɛ'fɔn]

machine (f) à écrire	**машинка** (ж)	[ma'ʃinka]
machine (f) à coudre	**швейна машинка** (ж)	[ˈʃwɛjna maˈʃinka]
micro (m)	**мікрофон** (ч)	[mikro'fɔn]
écouteurs (m pl)	**навушники** (мн)	[naˈwuʃnɪkɪ]
télécommande (f)	**пульт** (ч)	[pulʲt]
CD (m)	**CD-диск** (ч)	[si'di dɪsk]
cassette (f)	**касета** (ж)	[kaˈsɛta]
disque (m) (vinyle)	**платівка** (ж)	[plaˈtiwka]

LA TERRE. LE TEMPS

74. L'espace cosmique
75. La Terre
76. Les quatre parties du monde
77. Les océans et les mers
78. Les noms des mers et des océans
79. Les montagnes
80. Les noms des chaînes de montagne
81. Les fleuves
82. Les noms des fleuves
83. La forêt
84. Les ressources naturelles
85. Le temps
86. Les intempéries. Les catastrophes naturelles

T&P Books Publishing

74. L'espace cosmique

cosmos (m)	космос (ч)	['kɔsmos]
cosmique (adj)	космічний	[kos'mitʃnij]
espace (m) cosmique	космічний простір (ч)	[kos'mitʃnij 'prɔstir]
univers (m)	всесвіт (ч)	['wsɛswit]
galaxie (f)	галактика (ж)	[ɦa'laktika]
étoile (f)	зірка (ж)	['zirka]
constellation (f)	сузір'я (с)	[su'zirʲa]
planète (f)	планета (ж)	[pla'nɛta]
satellite (m)	супутник (ч)	[su'putnɨk]
météorite (m)	метеорит (ч)	[mɛtɛo'rit]
comète (f)	комета (ж)	[ko'mɛta]
astéroïde (m)	астероїд (ч)	[astɛ'rɔjɨd]
orbite (f)	орбіта (ж)	[or'bita]
tourner (vi)	обертатися	[obɛr'tatisʲa]
atmosphère (f)	атмосфера (ж)	[atmos'fɛra]
Soleil (m)	Сонце (с)	['sɔntsɛ]
système (m) solaire	Сонячна система (ж)	['sɔnʲatʃna sis'tɛma]
éclipse (f) de soleil	сонячне затемнення (с)	['sɔnʲatʃnɛ za'tɛmnɛnʲa]
Terre (f)	Земля (ж)	[zɛm'lʲa]
Lune (f)	Місяць (ж)	['misʲatsʲ]
Mars (m)	Марс (ч)	[mars]
Vénus (f)	Венера (ж)	[wɛ'nɛra]
Jupiter (m)	Юпітер (ч)	[ʲu'pitɛr]
Saturne (m)	Сатурн (ч)	[sa'turn]
Mercure (m)	Меркурій (ч)	[mɛr'kurij]
Uranus (m)	Уран (ч)	[u'ran]
Neptune	Нептун (ч)	[nɛp'tun]
Pluton (m)	Плутон (ч)	[plu'tɔn]
la Voie Lactée	Чумацький Шлях (ч)	[tʃu'matskij ʃlʲah]
la Grande Ours	Велика Ведмедиця (ж)	[wɛ'lika wɛd'mɛdɨtsʲa]
la Polaire	Полярна Зірка (ж)	[po'lʲarna 'zirka]
martien (m)	марсіанин (ч)	[marsi'anɨn]
extraterrestre (m)	інопланетянин (ч)	[inoplanɛ'tʲanɨn]
alien (m)	прибулець (ч)	[prɨ'bulɛts]

soucoupe (f) volante	літальна тарілка (ж)	[liˈtalʲna taˈrilka]
vaisseau (m) spatial	космічний корабель (ч)	[kosˈmitʃnʲij koraˈbɛlʲ]
station (f) orbitale	орбітальна станція (ж)	[orbiˈtalʲna ˈstantsʲiʲa]
lancement (m)	старт (ч)	[start]

moteur (m)	двигун (ч)	[dwɨˈɦun]
tuyère (f)	сопло (с)	[ˈsɔplo]
carburant (m)	паливо (с)	[ˈpalɨwo]

cabine (f)	кабіна (ж)	[kaˈbina]
antenne (f)	антена (ж)	[anˈtɛna]
hublot (m)	ілюмінатор (ч)	[ilʲumiˈnator]
batterie (f) solaire	сонячна батарея (ж)	[ˈsɔnʲatʃna bataˈrɛʲa]
scaphandre (m)	скафандр (ч)	[skaˈfandr]

apesanteur (f)	невагомість (ж)	[nɛwaˈɦomistʲ]
oxygène (m)	кисень (ч)	[ˈkɨsɛnʲ]

arrimage (m)	стикування (с)	[stɨkuˈwanʲa]
s'arrimer à ...	здійснювати стикування	[ˈzdijsnʲuwatɨ stɨkuˈwanʲa]

observatoire (m)	обсерваторія (ж)	[obsɛrwaˈtɔriʲa]
télescope (m)	телескоп (ч)	[tɛlɛˈskɔp]
observer (vt)	спостерігати	[spostɛriˈɦatɨ]
explorer (un cosmos)	досліджувати	[doˈslidʒuwatɨ]

75. La Terre

Terre (f)	Земля (ж)	[zɛmˈlʲa]
globe (m) terrestre	земна куля (ж)	[zɛmˈna ˈkulʲa]
planète (f)	планета (ж)	[plaˈnɛta]

atmosphère (f)	атмосфера (ж)	[atmosˈfɛra]
géographie (f)	географія (ж)	[ɦɛoˈɦrafiʲa]
nature (f)	природа (ж)	[prɨˈrɔda]
globe (m) de table	глобус (ч)	[ˈɦlɔbus]
carte (f)	карта (ж)	[ˈkarta]
atlas (m)	атлас (ч)	[ˈatlas]

Europe (f)	Європа (ж)	[ɛwˈrɔpa]
Asie (f)	Азія (ж)	[ˈaziʲa]
Afrique (f)	Африка (ж)	[ˈafrika]
Australie (f)	Австралія (ж)	[awˈstraliʲa]

Amérique (f)	Америка (ж)	[aˈmɛrika]
Amérique (f) du Nord	Північна Америка (ж)	[piwˈnitʃna aˈmɛrika]
Amérique (f) du Sud	Південна Америка (ж)	[piwˈdɛna aˈmɛrika]
l'Antarctique (m)	Антарктида (ж)	[antarkˈtɨda]
l'Arctique (m)	Арктика (ж)	[ˈarktɨka]

76. Les quatre parties du monde

nord (m)	північ (ж)	['piwnitʃ]
vers le nord	на північ	[na 'piwnitʃ]
au nord	на півночі	[na 'piwnotʃi]
du nord (adj)	північний	[piw'nitʃnij]

sud (m)	південь (ч)	['piwdɛnʲ]
vers le sud	на південь	[na 'piwdɛnʲ]
au sud	на півдні	[na 'piwdni]
du sud (adj)	південний	[piw'dɛnij]

ouest (m)	захід (ч)	['zahid]
vers l'occident	на захід	[na 'zahid]
à l'occident	на заході	[na 'zahodi]
occidental (adj)	західний	['zahidnij]

est (m)	схід (ч)	[shid]
vers l'orient	на схід	[na 'shid]
à l'orient	на сході	[na 'shodi]
oriental (adj)	східний	['shidnij]

77. Les océans et les mers

mer (f)	море (с)	['mɔrɛ]
océan (m)	океан (ч)	[okɛ'an]
golfe (m)	затока (ж)	[za'tɔka]
détroit (m)	протока (ж)	[prɔ'tɔka]

continent (m)	материк (ч)	[matɛ'rik]
île (f)	острів (ч)	['ɔstriw]
presqu'île (f)	півострів (ч)	[pi'wɔstriw]
archipel (m)	архіпелаг (ч)	[arhipɛ'laɦ]

baie (f)	бухта (ж)	['buhta]
port (m)	гавань (ж)	['ɦawanʲ]
lagune (f)	лагуна (ж)	[la'ɦuna]
cap (m)	мис (ч)	[mis]

atoll (m)	атол (ч)	[a'tɔl]
récif (m)	риф (ч)	[rif]
corail (m)	корал (ч)	[ko'ral]
récif (m) de corail	кораловий риф (ч)	[ko'ralowij rif]

profond (adj)	глибокий	[ɦli'bɔkij]
profondeur (f)	глибина (ж)	[ɦlibi'na]
abîme (m)	безодня (ж)	['bɛzdna]
fosse (f) océanique	западина (ж)	[za'padina]
courant (m)	течія (ж)	['tɛtʃiʲa]

baigner (vt) (mer)	омивати	[omɨ'watɨ]
littoral (m)	берег (ч)	['bɛrɛɦ]
côte (f)	узбережжя (с)	[uzbɛ'rɛzʲa]
marée (f) haute	приплив (ч)	[prɨp'lɨw]
marée (f) basse	відплив (ч)	[wid'plɨw]
banc (m) de sable	обмілина (ж)	[ob'milɨna]
fond (m)	дно (с)	[dno]
vague (f)	хвиля (ж)	['hwɨlʲa]
crête (f) de la vague	гребінь (ч) хвилі	['ɦrɛbinʲ 'hwɨli]
mousse (f)	піна (ж)	[pi'na]
tempête (f) en mer	буря (ж)	['burʲa]
ouragan (m)	ураган (ч)	[uraɦan]
tsunami (m)	цунамі (с)	[tsu'nami]
calme (m)	штиль (ч)	[ʃtɨlʲ]
calme (tranquille)	спокійний	[spo'kijnɨj]
pôle (m)	полюс (ч)	['polʲus]
polaire (adj)	полярний	[po'lʲarnɨj]
latitude (f)	широта (ж)	[ʃɨro'ta]
longitude (f)	довгота (ж)	[dowɦo'ta]
parallèle (f)	паралель (ж)	[para'lɛlʲ]
équateur (m)	екватор (ч)	[ɛk'wator]
ciel (m)	небо (с)	['nɛbo]
horizon (m)	горизонт (ч)	[ɦorɨ'zɔnt]
air (m)	повітря (с)	[po'witrʲa]
phare (m)	маяк (ч)	[ma'ʲak]
plonger (vi)	пірнати	[pir'natɨ]
sombrer (vi)	затонути	[zato'nutɨ]
trésor (m)	скарби (мн)	[skar'bɨ]

78. Les noms des mers et des océans

océan (m) Atlantique	Атлантичний океан (ч)	[atlan'tɨtʃnɨj okɛ'an]
océan (m) Indien	Індійський океан (ч)	[in'dijsʲkij okɛ'an]
océan (m) Pacifique	Тихий океан (ч)	['tɨhɨj okɛ'an]
océan (m) Glacial	Північний Льодовитий океан (ч)	[piw'nitʃnɨj lʲodo'wɨtɨj okɛ'an]
mer (f) Noire	Чорне море (с)	['tʃɔrnɛ 'mɔrɛ]
mer (f) Rouge	Червоне море (с)	[tʃɛr'wɔnɛ 'mɔrɛ]
mer (f) Jaune	Жовте море (с)	['ʒɔwtɛ 'mɔrɛ]
mer (f) Blanche	Біле море (с)	['bilɛ 'mɔrɛ]
mer (f) Caspienne	Каспійське море (с)	[kas'pijsʲkɛ 'mɔrɛ]
mer (f) Morte	Мертве море (с)	['mɛrtwɛ 'mɔrɛ]

mer (f) Méditerranée	Середземне море (с)	[sɛrɛ'dzɛmnɛ 'mɔrɛ]
mer (f) Égée	Егейське море (с)	[ɛ'ɦɛjsʲkɛ 'mɔrɛ]
mer (f) Adriatique	Адріатичне море (с)	[adria'titʃnɛ 'mɔrɛ]
mer (f) Arabique	Аравійське море (с)	[ara'wijsʲkɛ 'mɔrɛ]
mer (f) du Japon	Японське море (с)	[ja'pɔnsʲkɛ 'mɔrɛ]
mer (f) de Béring	Берингове море (с)	['bɛrinɦɔwɛ 'mɔrɛ]
mer (f) de Chine Méridionale	Південно-Китайське море (с)	[piw'dɛnɔ kiˈtajsʲkɛ 'mɔrɛ]
mer (f) de Corail	Коралове море (с)	[kɔ'ralɔwɛ 'mɔrɛ]
mer (f) de Tasman	Тасманове море (с)	[tas'manɔwɛ 'mɔrɛ]
mer (f) Caraïbe	Карибське море (с)	[ka'ribsʲkɛ 'mɔrɛ]
mer (f) de Barents	Баренцове море (с)	['barɛntsɔwɛ 'mɔrɛ]
mer (f) de Kara	Карське море (с)	['karsʲkɛ 'mɔrɛ]
mer (f) du Nord	Північне море (с)	[piw'nitʃnɛ 'mɔrɛ]
mer (f) Baltique	Балтійське море (с)	[bal'tijsʲkɛ 'mɔrɛ]
mer (f) de Norvège	Норвезьке море (с)	[nɔr'wɛzʲkɛ 'mɔrɛ]

79. Les montagnes

montagne (f)	гора (ж)	[ɦɔ'ra]
chaîne (f) de montagnes	гірське пасмо (с)	[ɦirsʲ'kɛ 'pasmɔ]
crête (f)	гірський хребет (ч)	[ɦirsʲ'kij ɦrɛ'bɛt]
sommet (m)	вершина (ж)	[wɛr'ʃina]
pic (m)	шпиль (ч)	[ʃpilʲ]
pied (m)	підніжжя (с)	[pid'nizʲa]
pente (f)	схил (ч)	[shil]
volcan (m)	вулкан (ч)	[wul'kan]
volcan (m) actif	діючий вулкан (ч)	['diʲutʃij wul'kan]
volcan (m) éteint	згаслий вулкан (ч)	['zɦaslij wul'kan]
éruption (f)	виверження (с)	['wiwɛrʒɛnʲa]
cratère (m)	кратер (ч)	['kratɛr]
magma (m)	магма (ж)	['maɦma]
lave (f)	лава (ж)	['lawa]
en fusion (lave ~)	розжарений	[rɔz'ʒarɛnij]
canyon (m)	каньйон (ч)	[kanʲ'jɔn]
défilé (m) (gorge)	ущелина (ж)	[u'ɕɛlina]
crevasse (f)	ущелина (с)	[u'ɕɛlina]
col (m) de montagne	перевал (ч)	[pɛrɛ'wal]
plateau (m)	плато (с)	['platɔ]
rocher (m)	скеля (ж)	['skɛlʲa]
colline (f)	горб (ч)	[ɦɔrb]

glacier (m)	льодовик (ч)	[lʲodoˈwik]
chute (f) d'eau	водоспад (ч)	[wodosˈpad]
geyser (m)	гейзер (ч)	[ˈɦɛjzɛr]
lac (m)	озеро (с)	[ˈɔzɛro]
plaine (f)	рівнина (ж)	[riwˈnina]
paysage (m)	краєвид (ч)	[kraɛˈwid]
écho (m)	луна (ж)	[luˈna]
alpiniste (m)	альпініст (ч)	[alʲpiˈnist]
varappeur (m)	скелелаз (ч)	[skɛlɛˈlaz]
conquérir (vt)	підкоряти	[pidkoˈrʲati]
ascension (f)	піднімання (с)	[pidniˈmanʲa]

80. Les noms des chaînes de montagne

Alpes (f pl)	Альпи (мн)	[ˈalʲpi]
Mont Blanc (m)	Монблан (ч)	[monˈblan]
Pyrénées (f pl)	Піренеї (мн)	[pirɛˈnɛji]
Carpates (f pl)	Карпати (мн)	[karˈpati]
Monts Oural (m pl)	Уральські гори (мн)	[uˈralʲsʲki ˈɦori]
Caucase (m)	Кавказ (ч)	[kawˈkaz]
Elbrous (m)	Ельбрус (ч)	[ɛlʲbˈrus]
Altaï (m)	Алтай (ч)	[alˈtaj]
Tian Chan (m)	Тянь-Шань (мн)	[tʲanʲ ˈʃanʲ]
Pamir (m)	Памір (ч)	[paˈmir]
Himalaya (m)	Гімалаї (мн)	[ɦimaˈlaji]
Everest (m)	Еверест (ч)	[ɛwɛˈrɛst]
Andes (f pl)	Анди (мн)	[ˈandi]
Kilimandjaro (m)	Кіліманджаро (ж)	[kilimanˈdʒaro]

81. Les fleuves

rivière (f), fleuve (m)	ріка (ж)	[ˈrika]
source (f)	джерело (с)	[dʒɛrɛˈlo]
lit (m) (d'une rivière)	річище (с)	[ˈritʃiɕɛ]
bassin (m)	басейн (ч)	[baˈsɛjn]
se jeter dans ...	упадати	[upaˈdati]
affluent (m)	притока (ж)	[priˈtɔka]
rive (f)	берег (ч)	[ˈbɛrɛɦ]
courant (m)	течія (ж)	[tɛtʃʲia]
en aval	вниз за течією (ж)	[wniz za ˈtɛtʃiɛʲu]
en amont	уверх по течії	[uˈwɛrh po ˈtɛtʃiji]

inondation (f)	повінь (ж)	['powinʲ]
les grandes crues	повінь (ж)	['powinʲ]
déborder (vt)	розливатися	[rozlɨ'watisʲa]
inonder (vt)	затоплювати	[za'tɔplʲuwatɨ]
bas-fond (m)	мілина (ж)	[milʲi'na]
rapide (m)	поріг (ч)	[po'rih]
barrage (m)	гребля (ж)	['hrɛblʲa]
canal (m)	канал (ч)	[ka'nal]
lac (m) de barrage	водосховище (с)	[wodo'showiɕɛ]
écluse (f)	шлюз (ч)	[ʃlʲuz]
plan (m) d'eau	водоймище (с)	[wo'dɔjmiɕɛ]
marais (m)	болото (с)	[bo'lɔto]
fondrière (f)	трясовина (ж)	[trʲasowɨ'na]
tourbillon (m)	вир (ч)	[wɨr]
ruisseau (m)	струмок (ч)	[stru'mɔk]
potable (adj)	питний	['pɨtnɨj]
douce (l'eau ~)	прісний	['prisnɨj]
glace (f)	крига (ж)	['krɨha]
être gelé	замерзнути	[za'mɛrznutɨ]

82. Les noms des fleuves

Seine (f)	Сена (ж)	['sɛna]
Loire (f)	Луара (ж)	[lu'ara]
Tamise (f)	Темза (ж)	['tɛmza]
Rhin (m)	Рейн (ч)	[rɛjn]
Danube (m)	Дунай (ч)	[du'naj]
Volga (f)	Волга (ж)	['wɔlha]
Don (m)	Дон (ч)	[don]
Lena (f)	Лена (ж)	['lɛna]
Huang He (m)	Хуанхе (ж)	[huan'hɛ]
Yangzi Jiang (m)	Янцзи (ж)	[janʦ'zɨ]
Mékong (m)	Меконг (ч)	[mɛ'kɔnh]
Gange (m)	Ганг (ч)	[hanh]
Nil (m)	Ніл (ч)	[nil]
Congo (m)	Конго (ж)	['kɔnho]
Okavango (m)	Окаванго (ж)	[oka'wanho]
Zambèze (m)	Замбезі (ж)	[zam'bɛzi]
Limpopo (m)	Лімпопо (ж)	[limpo'pɔ]
Mississippi (m)	Міссісіпі (ж)	[misʲi'sipi]

83. La forêt

forêt (f)	ліс (ч)	[lis]
forestier (adj)	лісовий	[lisoˈwɨj]
fourré (m)	хаща (ж)	[ˈhaca]
bosquet (m)	гай (ч)	[ɦaj]
clairière (f)	галявина (ж)	[ɦaˈlʲawina]
broussailles (f pl)	хащі (мн)	[ˈhaci]
taillis (m)	чагарник (ч)	[tʃaˈharnɨk]
sentier (m)	стежина (ж)	[stɛˈʒina]
ravin (m)	яр (ч)	[jar]
arbre (m)	дерево (с)	[ˈdɛrɛwo]
feuille (f)	листок (ч)	[lɨsˈtɔk]
feuillage (m)	листя (с)	[ˈlɨstʲa]
chute (f) de feuilles	листопад (ч)	[lɨstoˈpad]
tomber (feuilles)	опадати	[opaˈdatɨ]
sommet (m)	верхівка (ж)	[wɛrˈhiwka]
rameau (m)	гілка (ж)	[ˈɦilka]
branche (f)	сук (ч)	[suk]
bourgeon (m)	брунька (ж)	[ˈbrunʲka]
aiguille (f)	голка (ж)	[ˈɦɔlka]
pomme (f) de pin	шишка (ж)	[ˈʃɨʃka]
creux (m)	дупло (с)	[dupˈlɔ]
nid (m)	гніздо (с)	[ɦnizˈdɔ]
terrier (m) (~ d'un renard)	нора (ж)	[noˈra]
tronc (m)	стовбур (ч)	[ˈstɔwbur]
racine (f)	корінь (ч)	[ˈkɔrinʲ]
écorce (f)	кора (ж)	[koˈra]
mousse (f)	мох (ч)	[moh]
déraciner (vt)	корчувати	[kortʃuˈwatɨ]
abattre (un arbre)	рубати	[ruˈbatɨ]
déboiser (vt)	вирубувати	[wɨˈrubuwatɨ]
souche (f)	пень (ч)	[pɛnʲ]
feu (m) de bois	багаття (с)	[baˈhattʲa]
incendie (m)	пожежа (ж)	[poˈʒɛʒa]
éteindre (feu)	тушити	[tuˈʃɨtɨ]
garde (m) forestier	лісник (ч)	[lisˈnɨk]
protection (f)	охорона (ж)	[ohoˈrɔna]
protéger (vt)	охороняти	[ohoroˈnʲatɨ]
braconnier (m)	браконьєр (ч)	[brakoˈnʲɛr]

piège (m) à mâchoires	пастка (ж)	['pastka]
cueillir (vt)	збирати	[zbi'rati]
s'égarer (vp)	заблукати	[zablu'kati]

84. Les ressources naturelles

ressources (f pl) naturelles	природні ресурси (мн)	[pri'rɔdni rɛ'sursi]
minéraux (m pl)	корисні копалини (мн)	['kɔrisni ko'palini]
gisement (m)	поклади (мн)	['pɔkladi]
champ (m) (~ pétrolifère)	родовище (с)	[ro'dɔwiɕɛ]

extraire (vt)	добувати	[dobu'wati]
extraction (f)	добування (с)	[dobu'wanʲa]
minerai (m)	руда (ж)	[ru'da]
mine (f) (site)	копальня (ж)	[ko'palʲnʲa]
puits (m) de mine	шахта (ж)	['ʃahta]
mineur (m)	шахтар (ч)	[ʃah'tar]

| gaz (m) | газ (ч) | [ɦaz] |
| gazoduc (m) | газопровід (ч) | [ɦazopro'wid] |

pétrole (m)	нафта (ж)	['nafta]
pipeline (m)	нафтопровід (ч)	[nafto'prɔwid]
tour (f) de forage	нафтова вишка (ж)	['naftowa 'wiʃka]
derrick (m)	свердлова вежа (ж)	[swɛrd'lɔwa 'wɛʒa]
pétrolier (m)	танкер (ч)	['tankɛr]

sable (m)	пісок (ч)	[pi'sɔk]
calcaire (m)	вапняк (ч)	[wap'nʲak]
gravier (m)	гравій (ч)	['ɦrawij]
tourbe (f)	торф (ч)	[torf]
argile (f)	глина (ж)	['ɦlina]
charbon (m)	вугілля (с)	[wu'ɦilʲa]

fer (m)	залізо (с)	[za'lizo]
or (m)	золото (с)	['zɔloto]
argent (m)	срібло (с)	['sriblo]
nickel (m)	нікель (ч)	['nikɛlʲ]
cuivre (m)	мідь (ж)	[midʲ]

| zinc (m) | цинк (ч) | ['tsink] |
| manganèse (m) | марганець (ч) | ['marɦanɛts] |

| mercure (m) | ртуть (ж) | [rtutʲ] |
| plomb (m) | свинець (ч) | [swi'nɛts] |

minéral (m)	мінерал (ч)	[minɛ'ral]
cristal (m)	кристал (ч)	[kris'tal]
marbre (m)	мармур (ч)	['marmur]
uranium (m)	уран (ч)	[u'ran]

85. Le temps

temps (m)	погода (ж)	[po'ɦoda]
météo (f)	прогноз (ч) погоди (ж)	[proɦ'nɔz po'ɦodɨ]
température (f)	температура (ж)	[tɛmpɛra'tura]
thermomètre (m)	термометр (ч)	[tɛr'mɔmɛtr]
baromètre (m)	барометр (ч)	[ba'rɔmɛtr]
humidité (f)	вологість (ж)	[wolohistʲ]
chaleur (f) (canicule)	спека (ж)	['spɛka]
torride (adj)	гарячий	[ɦa'rʲatʃij]
il fait très chaud	спекотно	[spɛ'kɔtno]
il fait chaud	тепло	['tɛplo]
chaud (modérément)	теплий	['tɛplɨj]
il fait froid	холодно	['hɔlodno]
froid (adj)	холодний	[hɔ'lɔdnɨj]
soleil (m)	сонце (с)	['sɔntsɛ]
briller (soleil)	світити	[swi'titi]
ensoleillé (jour ~)	сонячний	['sɔnʲatʃnɨj]
se lever (vp)	зійти	[zij'ti]
se coucher (vp)	сісти	['sisti]
nuage (m)	хмара (ж)	['hmara]
nuageux (adj)	хмарний	['hmarnɨj]
nuée (f)	хмара (ж)	['hmara]
sombre (adj)	похмурний	[poh'murnɨj]
pluie (f)	дощ (ч)	[dɔɕ]
il pleut	йде дощ	[jdɛ dɔɕ]
pluvieux (adj)	дощовий	[dɔɕo'wɨj]
bruiner (v imp)	накрапати	[nakra'pati]
pluie (f) torrentielle	проливний дощ (ч)	[proliw'nɨj dɔɕ]
averse (f)	злива (ж)	['zlɨwa]
forte (la pluie ~)	сильний	['sɨlʲnɨj]
flaque (f)	калюжа (ж)	[ka'lʲuʒa]
se faire mouiller	мокнути	['mɔknuti]
brouillard (m)	туман (ч)	[tu'man]
brumeux (adj)	туманний	[tu'manɨj]
neige (f)	сніг (ч)	[sniɦ]
il neige	йде сніг (ч)	[jdɛ sniɦ]

86. Les intempéries. Les catastrophes naturelles

orage (m)	гроза (ж)	[ɦro'za]
éclair (m)	блискавка (ж)	['blɨskawka]

éclater (foudre)	блискати	['bliskati]
tonnerre (m)	грім (ч)	[ɦrim]
gronder (tonnerre)	гриміти	[ɦri'miti]
le tonnerre gronde	гримить грім	[ɦri'mitʲ ɦrim]
grêle (f)	град (ч)	[ɦrad]
il grêle	йде град	[jdɛ ɦrad]
inonder (vt)	затопити	[zato'piti]
inondation (f)	повінь (ж)	['powinʲ]
tremblement (m) de terre	землетрус (ч)	[zɛmlɛt'rus]
secousse (f)	поштовх (ч)	['pɔʃtowh]
épicentre (m)	епіцентр (ч)	[ɛpi'tsɛntr]
éruption (f)	виверження (с)	['wiwɛrʒɛnʲa]
lave (f)	лава (ж)	['lawa]
tourbillon (m)	смерч (ч)	[smɛrtʃ]
tornade (f)	торнадо (ч)	[tor'nado]
typhon (m)	тайфун (ч)	[taj'fun]
ouragan (m)	ураган (ч)	[uraɦan]
tempête (f)	буря (ж)	['burʲa]
tsunami (m)	цунамі (с)	[tsu'nami]
cyclone (m)	циклон (ч)	[tsik'lɔn]
intempéries (f pl)	негода (ж)	[nɛ'ɦoda]
incendie (m)	пожежа (ж)	[pɔ'ʒɛʒa]
catastrophe (f)	катастрофа (ж)	[kata'strɔfa]
météorite (m)	метеорит (ч)	[mɛtɛɔ'rit]
avalanche (f)	лавина (ж)	[la'wina]
éboulement (m)	обвал (ч)	[ob'wal]
blizzard (m)	заметіль (ж)	[zamɛ'tilʲ]
tempête (f) de neige	завірюха (ж)	[zawi'rʲuha]

LA FAUNE

87. Les mammifères. Les prédateurs
88. Les animaux sauvages
89. Les animaux domestiques
90. Les oiseaux
91. Les poissons. Les animaux marins
92. Les amphibiens. Les reptiles
93. Les insectes

T&P Books Publishing

87. Les mammifères. Les prédateurs

prédateur (m)	хижак (ч)	[hi'ʒak]
tigre (m)	тигр (ч)	[tiɦr]
lion (m)	лев (ч)	[lɛw]
loup (m)	вовк (ч)	[wowk]
renard (m)	лисиця (ж)	[lɨ'sɨtsʲa]
jaguar (m)	ягуар (ч)	[jaɦu'ar]
léopard (m)	леопард (ч)	[lɛo'pard]
guépard (m)	гепард (ч)	[ɦɛ'pard]
panthère (f)	пантера (ж)	[pan'tɛra]
puma (m)	пума (ж)	['puma]
léopard (m) de neiges	сніговий барс (ч)	[sniɦo'wij bars]
lynx (m)	рись (ж)	[risʲ]
coyote (m)	койот (ч)	[ko'jot]
chacal (m)	шакал (ч)	[ʃa'kal]
hyène (f)	гієна (ж)	[ɦi'ɛna]

88. Les animaux sauvages

animal (m)	тварина (ж)	[twa'rɨna]
bête (f)	звір (ч)	[zwir]
écureuil (m)	білка (ж)	['bilka]
hérisson (m)	їжак (ч)	[jɨ'ʒak]
lièvre (m)	заєць (ч)	['zaɛts]
lapin (m)	кріль (ч)	[krilʲ]
blaireau (m)	борсук (ч)	[bor'suk]
raton (m)	єнот (ч)	[ɛ'not]
hamster (m)	хом'як (ч)	[ɦo'mʲak]
marmotte (f)	бабак (ч)	[ba'bak]
taupe (f)	кріт (ч)	[krit]
souris (f)	миша (ж)	['mɨʃa]
rat (m)	щур (ч)	[ɕur]
chauve-souris (f)	кажан (ч)	[ka'ʒan]
hermine (f)	горностай (ч)	[ɦorno'staj]
zibeline (f)	соболь (ч)	['sɔbolʲ]
martre (f)	куниця (ж)	[ku'nɨtsʲa]

belette (f)	ласка (ж)	['laska]
vison (m)	норка (ж)	['nɔrka]
castor (m)	бобер (ч)	[bo'bɛr]
loutre (f)	видра (ж)	['wɨdra]
cheval (m)	кінь (ч)	[kinʲ]
élan (m)	лось (ч)	[losʲ]
cerf (m)	олень (ч)	['ɔlɛnʲ]
chameau (m)	верблюд (ч)	[wɛr'blʲud]
bison (m)	бізон (ч)	[bi'zɔn]
aurochs (m)	зубр (ч)	[zubr]
buffle (m)	буйвіл (ч)	['bujwil]
zèbre (m)	зебра (ж)	['zɛbra]
antilope (f)	антилопа (ж)	[anti'lɔpa]
chevreuil (m)	косуля (ж)	[ko'sulʲa]
biche (f)	лань (ж)	[lanʲ]
chamois (m)	сарна (ж)	['sarna]
sanglier (m)	вепр (ч)	[wɛpr]
baleine (f)	кит (ч)	[kɨt]
phoque (m)	тюлень (ч)	[tʲu'lɛnʲ]
morse (m)	морж (ч)	[mɔrʒ]
ours (m) de mer	котик (ч)	['kɔtik]
dauphin (m)	дельфін (ч)	[dɛlʲ'fin]
ours (m)	ведмідь (ч)	[wɛd'midʲ]
ours (m) blanc	білий ведмідь (ч)	['bilɨj wɛd'midʲ]
panda (m)	панда (ж)	['panda]
singe (m)	мавпа (ж)	['mawpa]
chimpanzé (m)	шимпанзе (ч)	[ʃimpan'zɛ]
orang-outang (m)	орангутанг (ч)	[oranɦu'tanɦ]
gorille (m)	горила (ж)	[ɦo'rɨla]
macaque (m)	макака (ж)	[ma'kaka]
gibbon (m)	гібон (ч)	[ɦi'bɔn]
éléphant (m)	слон (ч)	[slon]
rhinocéros (m)	носоріг (ч)	[noso'riɦ]
girafe (f)	жирафа (ж)	[ʒɨrafa]
hippopotame (m)	бегемот (ч)	[bɛɦɛ'mɔt]
kangourou (m)	кенгуру (ч)	[kɛnɦu'ru]
koala (m)	коала (ч)	[ko'ala]
mangouste (f)	мангуст (ч)	[ma'nɦust]
chinchilla (m)	шиншила (ж)	[ʃɨn'ʃɨla]
mouffette (f)	скунс (ч)	[skuns]
porc-épic (m)	дикобраз (ч)	[dɨko'braz]

89. Les animaux domestiques

chat (m) (femelle)	кішка (ж)	['kiʃka]
chat (m) (mâle)	кіт (ч)	[kit]
cheval (m)	коняка (ж)	[ko'nʲaka]
étalon (m)	жеребець (ч)	[ʒɛrɛ'bɛts]
jument (f)	кобила (ж)	[ko'bɨla]
vache (f)	корова (ж)	[ko'rɔwa]
taureau (m)	бик (ч)	[bɨk]
bœuf (m)	віл (ч)	[wil]
brebis (f)	вівця (ж)	[wiw'tsʲa]
mouton (m)	баран (ч)	[ba'ran]
chèvre (f)	коза (ж)	[ko'za]
bouc (m)	козел (ч)	[ko'zɛl]
âne (m)	осел (ч)	[o'sɛl]
mulet (m)	мул (ч)	[mul]
cochon (m)	свиня (ж)	[swɨ'nʲa]
pourceau (m)	порося (с)	[poro'sʲa]
lapin (m)	кріль (ч)	[krilʲ]
poule (f)	курка (ж)	['kurka]
coq (m)	півень (ч)	['piwɛnʲ]
canard (m)	качка (ж)	['katʃka]
canard (m) mâle	качур (ч)	['katʃur]
oie (f)	гусак (ч)	[ɦu'sak]
dindon (m)	індик (ч)	[in'dɨk]
dinde (f)	індичка (ж)	[in'dɨtʃka]
animaux (m pl) domestiques	домашні тварини (мн)	[do'maʃni twa'rɨnɨ]
apprivoisé (adj)	ручний	[rutʃ'nɨj]
apprivoiser (vt)	приручати	[prɨru'tʃatɨ]
élever (vt)	вирощувати	[wɨ'rɔɕuwatɨ]
ferme (f)	ферма (ж)	['fɛrma]
volaille (f)	свійські птахи (мн)	['swijsʲki pta'hɨ]
bétail (m)	худоба (ж)	[hu'dɔba]
troupeau (m)	стадо (с)	['stado]
écurie (f)	конюшня (ж)	[ko'nʲuʃnʲa]
porcherie (f)	свинарник (ч)	[swɨ'narnɨk]
vacherie (f)	корівник (ч)	[ko'riwnɨk]
cabane (f) à lapins	крільчатник (ч)	[krilʲ'tʃatnɨk]
poulailler (m)	курник (ч)	[kur'nɨk]

90. Les oiseaux

oiseau (m)	птах (ч)	[ptah]
pigeon (m)	голуб (ч)	['ɦolub]
moineau (m)	горобець (ч)	[ɦoro'bɛts]
mésange (f)	синиця (ж)	[sɨ'nitsʲa]
pie (f)	сорока (ж)	[so'rɔka]
corbeau (m)	ворон (ч)	['wɔron]
corneille (f)	ворона (ж)	[wo'rɔna]
choucas (m)	галка (ж)	['ɦalka]
freux (m)	грак (ч)	[ɦrak]
canard (m)	качка (ж)	['katʃka]
oie (f)	гусак (ч)	[ɦu'sak]
faisan (m)	фазан (ч)	[fa'zan]
aigle (m)	орел (ч)	[o'rɛl]
épervier (m)	яструб (ч)	['ʲastrub]
faucon (m)	сокіл (ч)	['sɔkil]
vautour (m)	гриф (ч)	[ɦrɨf]
condor (m)	кондор (ч)	['kɔndor]
cygne (m)	лебідь (ч)	['lɛbidʲ]
grue (f)	журавель (ч)	[ʒura'wɛlʲ]
cigogne (f)	чорногуз (ч)	[tʃorno'ɦuz]
perroquet (m)	папуга (ч)	[pa'puɦa]
colibri (m)	колібрі (ч)	[ko'libri]
paon (m)	пава (ж)	['pawa]
autruche (f)	страус (ч)	['straus]
héron (m)	чапля (ж)	['tʃaplʲa]
flamant (m)	фламінго (c)	[fla'minɦo]
pélican (m)	пелікан (ч)	[pɛli'kan]
rossignol (m)	соловей (ч)	[solo'wɛj]
hirondelle (f)	ластівка (ж)	['lastiwka]
merle (m)	дрізд (ч)	[drizd]
grive (f)	співучий дрізд (ч)	[spi'wutʃɨj 'drizd]
merle (m) noir	чорний дрізд (ч)	['tʃɔrnɨj 'drizd]
martinet (m)	стриж (ч)	['strɨʒ]
alouette (f) des champs	жайворонок (ч)	['ʒajworonok]
caille (f)	перепел (ч)	['pɛrɛpɛl]
pivert (m)	дятел (ч)	['dʲatɛl]
coucou (m)	зозуля (ж)	[zo'zulʲa]
chouette (f)	сова (ж)	[so'wa]
hibou (m)	пугач (ч)	[pu'ɦatʃ]

tétras (m)	глухар (ч)	[ɦluˈhar]
tétras-lyre (m)	тетерук (ч)	[tɛtɛˈruk]
perdrix (f)	курiпка (ж)	[kuˈripka]
étourneau (m)	шпак (ч)	[ʃpak]
canari (m)	канарка (ж)	[kaˈnarka]
gélinotte (f) des bois	рябчик (ч)	[ˈrʲabtʃik]
pinson (m)	зяблик (ч)	[ˈzʲablik]
bouvreuil (m)	снiгур (ч)	[sniˈhur]
mouette (f)	чайка (ж)	[ˈtʃajka]
albatros (m)	альбатрос (ч)	[alʲbatˈrɔs]
pingouin (m)	пiнгвiн (ч)	[pinɦˈwin]

91. Les poissons. Les animaux marins

brème (f)	лящ (ч)	[lʲaɕ]
carpe (f)	короп (ч)	[ˈkɔrop]
perche (f)	окунь (ч)	[ˈɔkunʲ]
silure (m)	сом (ч)	[som]
brochet (m)	щука (ж)	[ˈɕuka]
saumon (m)	лосось (ч)	[loˈsɔsʲ]
esturgeon (m)	осетер (ч)	[osɛˈtɛr]
hareng (m)	оселедець (ч)	[osɛˈlɛdɛts]
saumon (m) atlantique	сьомга (ж)	[ˈsʲomɦa]
maquereau (m)	скумбрiя (ж)	[ˈskumbrʲila]
flet (m)	камбала (ж)	[kambaˈla]
sandre (f)	судак (ч)	[suˈdak]
morue (f)	трiска (ж)	[trisˈka]
thon (m)	тунець (ч)	[tuˈnɛts]
truite (f)	форель (ж)	[foˈrɛlʲ]
anguille (f)	вугор (ч)	[wuˈɦor]
torpille (f)	електричний скат (ч)	[ɛlɛktˈritʃnij skat]
murène (f)	мурена (ж)	[muˈrɛna]
piranha (m)	пiранья (ж)	[piˈranʲa]
requin (m)	акула (ж)	[aˈkula]
dauphin (m)	дельфiн (ч)	[dɛlʲˈfin]
baleine (f)	кит (ч)	[kit]
crabe (m)	краб (ч)	[krab]
méduse (f)	медуза (ж)	[mɛˈduza]
pieuvre (f), poulpe (m)	восьминiг (ч)	[wosʲmiˈniɦ]
étoile (f) de mer	морська зiрка (ж)	[morsʲˈka ˈzirka]
oursin (m)	морський їжак (ч)	[morsʲˈkij jiˈʒak]

hippocampe (m)	морський коник (ч)	[mors⁽ʲ⁾kij 'kɔnik]
huître (f)	устриця (ж)	['ustritsʲa]
crevette (f)	креветка (ж)	[krɛ'wɛtka]
homard (m)	омар (ч)	[ɔ'mar]
langoustine (f)	лангуст (ч)	[lan'ɦust]

92. Les amphibiens. Les reptiles

serpent (m)	змія (ж)	[zmiʲa]
venimeux (adj)	отруйний	[ɔt'rujnij]
vipère (f)	гадюка (ж)	[ɦa'dʲuka]
cobra (m)	кобра (ж)	['kɔbra]
python (m)	пітон (ч)	[pi'tɔn]
boa (m)	удав (ч)	[u'daw]
couleuvre (f)	вуж (ч)	[wuʒ]
serpent (m) à sonnettes	гримуча змія (ж)	[ɦri'mutʃa zmiʲa]
anaconda (m)	анаконда (ж)	[ana'kɔnda]
lézard (m)	ящірка (ж)	[ʲacirka]
iguane (m)	ігуана (ж)	[iɦu'ana]
varan (m)	варан (ч)	[wa'ran]
salamandre (f)	саламандра (ж)	[sala'mandra]
caméléon (m)	хамелеон (ч)	[ɦamɛlɛ'ɔn]
scorpion (m)	скорпіон (ч)	[skɔrpi'ɔn]
tortue (f)	черепаха (ж)	[tʃɛrɛ'paɦa]
grenouille (f)	жабка (ж)	['ʒabka]
crapaud (m)	жаба (ж)	['ʒaba]
crocodile (m)	крокодил (ч)	[krɔkɔ'dil]

93. Les insectes

insecte (m)	комаха (ж)	[kɔ'maɦa]
papillon (m)	метелик (ч)	[mɛ'tɛlik]
fourmi (f)	мураха (ж)	[mu'raɦa]
mouche (f)	муха (ж)	['muɦa]
moustique (m)	комар (ч)	[kɔ'mar]
scarabée (m)	жук (ч)	[ʒuk]
guêpe (f)	оса (ж)	[ɔ'sa]
abeille (f)	бджола (ж)	[bdzɔ'la]
bourdon (m)	джміль (ч)	[dzmilʲ]
œstre (m)	овід (ч)	['ɔwid]
araignée (f)	павук (ч)	[pa'wuk]
toile (f) d'araignée	павутиння (с)	[pawu'tinʲa]

libellule (f)	**бабка** (ж)	['babka]
sauterelle (f)	**коник** (ч)	['kɔnik]
papillon (m)	**метелик** (ч)	[mɛ'tɛlik]
cafard (m)	**таргàн** (ч)	[tar'ɦan]
tique (f)	**кліщ** (ч)	[kliɕ]
puce (f)	**блоха** (ж)	['blɔha]
moucheron (m)	**мошка** (ж)	['mɔʃka]
criquet (m)	**сарана** (ж)	[sara'na]
escargot (m)	**равлик** (ч)	['rawlik]
grillon (m)	**цвіркун** (ч)	[tswir'kun]
luciole (f)	**світлячок** (ч)	[switlʲa'tʃɔk]
coccinelle (f)	**сонечко** (c)	['sɔnɛtʃko]
hanneton (m)	**хрущ** (ч)	[hruɕ]
sangsue (f)	**п'явка** (ж)	['pʲawka]
chenille (f)	**гусениця** (ж)	['ɦusɛnitsʲa]
ver (m)	**черв'як** (ч)	[tʃɛr'wʲak]
larve (f)	**личинка** (ж)	[li'tʃinka]

LA FLORE

94. Les arbres
95. Les arbustes
96. Les fruits. Les baies
97. Les fleurs. Les plantes
98. Les céréales

T&P Books Publishing

94. Les arbres

arbre (m)	дерево (c)	['dɛrɛwo]
à feuilles caduques	модринове	[mod'rinowɛ]
conifère (adj)	хвойне	['hwɔjnɛ]
à feuilles persistantes	вічнозелене	[witʃnozɛ'lɛnɛ]
pommier (m)	яблуня (ж)	['ʲablunʲa]
poirier (m)	груша (ж)	['ɦruʃa]
merisier (m)	черешня (ж)	[tʃɛ'rɛʃnʲa]
cerisier (m)	вишня (ж)	['wiʃnʲa]
prunier (m)	слива (ж)	['sliwa]
bouleau (m)	береза (ж)	[bɛ'rɛza]
chêne (m)	дуб (ч)	[dub]
tilleul (m)	липа (ж)	['lipa]
tremble (m)	осика (ж)	[o'sika]
érable (m)	клен (ч)	[klɛn]
épicéa (m)	ялина (ж)	[ja'lina]
pin (m)	сосна (ж)	[sos'na]
mélèze (m)	модрина (ж)	[mod'rina]
sapin (m)	ялиця (ж)	[ja'litsʲa]
cèdre (m)	кедр (ч)	[kɛdr]
peuplier (m)	тополя (ж)	[to'pɔlʲa]
sorbier (m)	горобина (ж)	[ɦoro'bina]
saule (m)	верба (ж)	[wɛr'ba]
aune (m)	вільха (ж)	['wilʲha]
hêtre (m)	бук (ч)	[buk]
orme (m)	в'яз (ч)	[wʲaz]
frêne (m)	ясен (ч)	['ʲasɛn]
marronnier (m)	каштан (ч)	[kaʃ'tan]
magnolia (m)	магнолія (ж)	[maɦ'nɔliʲa]
palmier (m)	пальма (ж)	['palʲma]
cyprès (m)	кипарис (ч)	[kipa'ris]
palétuvier (m)	мангрове дерево (c)	['manɦrowɛ 'dɛrɛwo]
baobab (m)	баобаб (ч)	[bao'bab]
eucalyptus (m)	евкаліпт (ч)	[ɛwka'lipt]
séquoia (m)	секвоя (ж)	[sɛk'wɔʲa]

95. Les arbustes

buisson (m)	кущ (ч)	[kuɕ]
arbrisseau (m)	кущі (мн)	[ku'ɕi]
vigne (f)	виноград (ч)	[wɨno'ɦrad]
vigne (f) (vignoble)	виноградник (ч)	[wɨno'ɦradnɨk]
framboise (f)	малина (ж)	[ma'lɨna]
groseille (f) rouge	порічки (мн)	[po'ritʃkɨ]
groseille (f) verte	аґрус (ч)	['agrus]
acacia (m)	акація (ж)	[a'katsʲiʲa]
berbéris (m)	барбарис (ч)	[barba'rɨs]
jasmin (m)	жасмин (ч)	[ʒas'mɨn]
genévrier (m)	ялівець (ч)	[jali'wɛts]
rosier (m)	трояндовий кущ (ч)	[troʲ'andowɨj kuɕ]
églantier (m)	шипшина (ж)	[ʃɨp'ʃɨna]

96. Les fruits. Les baies

pomme (f)	яблуко (с)	['ʲabluko]
poire (f)	груша (ж)	['ɦruʃa]
prune (f)	слива (ж)	['slɨwa]
fraise (f)	полуниця (ж)	[polu'nɨtsʲa]
cerise (f)	вишня (ж)	['wɨʃnʲa]
merise (f)	черешня (ж)	[tʃɛ'rɛʃnʲa]
raisin (m)	виноград (ч)	[wɨno'ɦrad]
framboise (f)	малина (ж)	[ma'lɨna]
cassis (m)	чорна смородина (ж)	['tʃɔrna smo'rɔdɨna]
groseille (f) rouge	порічки (мн)	[po'ritʃkɨ]
groseille (f) verte	аґрус (ч)	['agrus]
canneberge (f)	журавлина (ж)	[ʒuraw'lɨna]
orange (f)	апельсин (ч)	[apɛlʲ'sɨn]
mandarine (f)	мандарин (ч)	[manda'rɨn]
ananas (m)	ананас (ч)	[ana'nas]
banane (f)	банан (ч)	[ba'nan]
datte (f)	фінік (ч)	['finik]
citron (m)	лимон (ч)	[lɨ'mɔn]
abricot (m)	абрикос (ч)	[abrɨ'kɔs]
pêche (f)	персик (ч)	['pɛrsɨk]
kiwi (m)	ківі (ч)	['kiwi]
pamplemousse (m)	грейпфрут (ч)	[ɦrɛjp'frut]
baie (f)	ягода (ж)	['ʲaɦoda]

baies (f pl)	ягоди (мн)	[ˈiaɦodi]
airelle (f) rouge	брусниця (ж)	[brusˈnitsʲa]
fraise (f) des bois	суниця (ж)	[suˈnitsʲa]
myrtille (f)	чорниця (ж)	[tʃorˈnitsʲa]

97. Les fleurs. Les plantes

fleur (f)	квітка (ж)	[ˈkwitka]
bouquet (m)	букет (ч)	[buˈkɛt]
rose (f)	троянда (ж)	[troˈianda]
tulipe (f)	тюльпан (ч)	[tʲulʲˈpan]
oeillet (m)	гвоздика (ж)	[ɦwozˈdika]
glaïeul (m)	гладіолус (ч)	[ɦladiˈɔlus]
bleuet (m)	волошка (ж)	[woˈlɔʃka]
campanule (f)	дзвіночок (ч)	[dzwiˈnɔtʃok]
dent-de-lion (f)	кульбаба (ж)	[kulʲˈbaba]
marguerite (f)	ромашка (ж)	[roˈmaʃka]
aloès (m)	алое (ч)	[aˈlɔɛ]
cactus (m)	кактус (ч)	[ˈkaktus]
ficus (m)	фікус (ч)	[ˈfikus]
lis (m)	лілея (ж)	[liˈlɛʲa]
géranium (m)	герань (ж)	[ɦɛˈranʲ]
jacinthe (f)	гіацинт (ч)	[ɦiaˈtsint]
mimosa (m)	мімоза (ж)	[miˈmɔza]
jonquille (f)	нарцис (ч)	[narˈtsis]
capucine (f)	настурція (ж)	[nasˈturtsiʲa]
orchidée (f)	орхідея (ж)	[orhiˈdɛʲa]
pivoine (f)	півонія (ж)	[piˈwoniʲa]
violette (f)	фіалка (ж)	[fiˈalka]
pensée (f)	братки (мн)	[bratˈki]
myosotis (m)	незабудка (ж)	[nɛzaˈbudka]
pâquerette (f)	стокротки (мн)	[stokˈrɔtki]
coquelicot (m)	мак (ч)	[mak]
chanvre (m)	коноплі (мн)	[koˈnɔpli]
menthe (f)	м'ята (ж)	[ˈmʲata]
muguet (m)	конвалія (ж)	[konˈwaliʲa]
perce-neige (f)	пролісок (ч)	[ˈprɔlisok]
ortie (f)	кропива (ж)	[kropiˈwa]
oseille (f)	щавель (ч)	[ɕaˈwɛlʲ]
nénuphar (m)	латаття (с)	[laˈtattʲa]

fougère (f)	папороть (ж)	['paporotʲ]
lichen (m)	лишайник (ч)	[liʲʃajnɪk]
serre (f) tropicale	оранжерея (ж)	[oranʒɛ'rɛʲa]
gazon (m)	газон (ч)	[ɦa'zɔn]
parterre (m) de fleurs	клумба (ж)	['klumba]
plante (f)	рослина (ж)	[rosʲlina]
herbe (f)	трава (ж)	[tra'wa]
brin (m) d'herbe	травинка (ж)	[tra'winka]
feuille (f)	листок (ч)	[lɪs'tɔk]
pétale (m)	пелюстка (ж)	[pɛ'lʲustka]
tige (f)	стебло (c)	[stɛb'lɔ]
tubercule (m)	бульба (ж)	['bulʲba]
pousse (f)	паросток (ч)	['parostok]
épine (f)	колючка (ч)	[ko'lʲutʃka]
fleurir (vi)	цвісти	[tswis'ti]
se faner (vp)	в'янути	['wʲanuti]
odeur (f)	запах (ч)	['zapah]
couper (vt)	зрізати	['zrizati]
cueillir (fleurs)	зірвати	[zir'wati]

98. Les céréales

grains (m pl)	зерно (c)	[zɛr'nɔ]
céréales (f pl) (plantes)	зернові рослини (мн)	[zɛrno'wi rosʲlini]
épi (m)	колос (ч)	['kɔlos]
blé (m)	пшениця (ж)	[pʃɛ'nitsʲa]
seigle (m)	жито (c)	['ʒito]
avoine (f)	овес (ч)	[o'wɛs]
millet (m)	просо (c)	['prɔso]
orge (f)	ячмінь (ч)	[jatʃ'minʲ]
maïs (m)	кукурудза (ж)	[kuku'rudza]
riz (m)	рис (ч)	[ris]
sarrasin (m)	гречка (ж)	['ɦrɛtʃka]
pois (m)	горох (ч)	[ɦo'rɔh]
haricot (m)	квасоля (ж)	[kwa'sɔlʲa]
soja (m)	соя (ж)	['sɔʲa]
lentille (f)	сочевиця (ж)	[sotʃɛ'witsʲa]
fèves (f pl)	боби (мн)	[bo'bi]

LES PAYS DU MONDE

99. Les pays du monde. Partie 1
100. Les pays du monde. Partie 2
101. Les pays du monde. Partie 3

T&P Books Publishing

99. Les pays du monde. Partie 1

Afghanistan (m)	Афганістан (ч)	[afɦaniˈstan]
Albanie (f)	Албанія (ж)	[alˈbaniʲa]
Allemagne (f)	Німеччина (ж)	[niˈmɛt͡ʃina]
Angleterre (f)	Англія (ж)	[ˈanɦliʲa]
Arabie (f) Saoudite	Саудівська Аравія (ж)	[saˈudiwsʲka aˈrawiʲa]
Argentine (f)	Аргентина (ж)	[arɦɛnˈtina]
Arménie (f)	Вірменія (ж)	[wirˈmɛniʲa]
Australie (f)	Австралія (ж)	[awˈstraliʲa]
Autriche (f)	Австрія (ж)	[ˈawstriʲa]
Azerbaïdjan (m)	Азербайджан (ч)	[azɛrbajˈd͡ʒan]

Bahamas (f pl)	Багамські острови (мн)	[baˈɦamsʲki ostroˈwi]
Bangladesh (m)	Бангладеш (ч)	[banɦlaˈdɛʃ]
Belgique (f)	Бельгія (ж)	[ˈbɛlʲɦiʲa]
Biélorussie (f)	Білорусь (ж)	[biloˈrusʲ]
Bolivie (f)	Болівія (ж)	[boˈliwiʲa]
Bosnie (f)	Боснія (ж) і Герцеговина (ж)	[ˈbosniʲa i ɦɛrt͡sɛɦoˈwina]
Brésil (m)	Бразилія (ж)	[braˈziliʲa]
Bulgarie (f)	Болгарія (ж)	[bolˈɦariʲa]

Cambodge (m)	Камбоджа (ж)	[kamˈbɔd͡ʒa]
Canada (m)	Канада (ж)	[kaˈnada]
Chili (m)	Чилі (ж)	[ˈt͡ʃili]
Chine (f)	Китай (ч)	[kiˈtaj]
Chypre (m)	Кіпр (ж)	[kipr]
Colombie (f)	Колумбія (ж)	[koˈlumbiʲa]
Corée (f) du Nord	Північна Корея (ж)	[piwˈnit͡ʃna koˈrɛʲa]
Corée (f) du Sud	Південна Корея (ж)	[piwˈdɛna koˈrɛʲa]
Croatie (f)	Хорватія (ж)	[horˈwatiʲa]
Cuba (f)	Куба (ж)	[ˈkuba]

Danemark (m)	Данія (ж)	[ˈdaniʲa]
Écosse (f)	Шотландія (ж)	[ʃotˈlandiʲa]
Égypte (f)	Єгипет (ч)	[ɛˈɦipɛt]
Équateur (m)	Еквадор (ч)	[ɛkwaˈdɔr]
Espagne (f)	Іспанія (ж)	[ispaniʲa]
Estonie (f)	Естонія (ж)	[ɛsˈtoniʲa]
Les États Unis	Сполучені Штати Америки	[spoˈlut͡ʃeni ˈʃtati aˈmɛriki]
Fédération (f) des Émirats Arabes Unis	Об'єднані Арабські емірати	[oˈbʔednani aˈrabsʲki ɛmiˈrati]
Finlande (f)	Фінляндія (ж)	[finˈlʲandiʲa]

France (f)	**Франція** (ж)	['frantsiʲa]
Géorgie (f)	**Грузія** (ж)	['ɦruziʲa]
Ghana (m)	**Гана** (ж)	['ɦana]
Grande-Bretagne (f)	**Великобританія** (ж)	[wɛlikobri'taniʲa]
Grèce (f)	**Греція** (ж)	['ɦrɛtsiʲa]

100. Les pays du monde. Partie 2

| Haïti (m) | **Гаїті** (ч) | [ɦa'jiti] |
| Hongrie (f) | **Угорщина** (ж) | [u'ɦorɕina] |

Inde (f)	**Індія** (ж)	['indiʲa]
Indonésie (f)	**Індонезія** (ж)	[indo'nɛziʲa]
Iran (m)	**Іран** (ч)	[i'ran]
Iraq (m)	**Ірак** (ч)	[i'rak]
Irlande (f)	**Ірландія** (ж)	[ir'landiʲa]
Islande (f)	**Ісландія** (ж)	[is'landiʲa]
Israël (m)	**Ізраїль** (ч)	[iz'rajilʲ]
Italie (f)	**Італія** (ж)	[i'taliʲa]

Jamaïque (f)	**Ямайка** (ж)	[ja'majka]
Japon (m)	**Японія** (ж)	[ja'poniʲa]
Jordanie (f)	**Йорданія** (ж)	[ʲor'daniʲa]
Kazakhstan (m)	**Казахстан** (ч)	[kazah'stan]
Kenya (m)	**Кенія** (ж)	['kɛniʲa]
Kirghizistan (m)	**Киргизстан** (ч)	[kirɦiz'stan]
Koweït (m)	**Кувейт** (ч)	[ku'wɛjt]

Laos (m)	**Лаос** (ч)	[la'ɔs]
Lettonie (f)	**Латвія** (ж)	['latwiʲa]
Liban (m)	**Ліван** (ч)	[li'wan]
Libye (f)	**Лівія** (ж)	['liwiʲa]
Liechtenstein (m)	**Ліхтенштейн** (ч)	[lihtɛnʲʃtɛjn]
Lituanie (f)	**Литва** (ж)	[litʲwa]
Luxembourg (m)	**Люксембург** (ч)	[lʲuksɛm'burɦ]

Macédoine (f)	**Македонія** (ж)	[makɛ'doniʲa]
Madagascar (f)	**Мадагаскар** (ч)	[madaɦa'skar]
Malaisie (f)	**Малайзія** (ж)	[ma'lajziʲa]
Malte (f)	**Мальта** (ж)	['malʲta]
Maroc (m)	**Марокко** (с)	[ma'rokko]
Mexique (m)	**Мексика** (ж)	['mɛksika]
Moldavie (f)	**Молдова** (ж)	[mol'dowa]

Monaco (m)	**Монако** (с)	[mo'nako]
Mongolie (f)	**Монголія** (ж)	[mon'ɦoliʲa]
Monténégro (m)	**Чорногорія** (ж)	[tʃorno'ɦoriʲa]
Myanmar (m)	**М'янма** (ж)	['mʲanma]
Namibie (f)	**Намібія** (ж)	[na'mibiʲa]
Népal (m)	**Непал** (ч)	[nɛ'pal]

Norvège (f)	Норвегія (ж)	[norˈwɛɦiʲa]
Nouvelle Zélande (f)	Нова Зеландія (ж)	[noˈwa zɛˈlandiʲa]
Ouzbékistan (m)	Узбекистан (ч)	[uzbɛkiˈstan]

101. Les pays du monde. Partie 3

Pakistan (m)	Пакистан (ч)	[pakiˈstan]
Palestine (f)	Палестинська автономія (ж)	[palɛˈstinsʲka awtoˈnomiʲa]
Panamá (m)	Панама (ж)	[paˈnama]
Paraguay (m)	Парагвай (ч)	[paraɦˈwaj]
Pays-Bas (m)	Нідерланди (ж)	[nidɛrˈlandɨ]

Pérou (m)	Перу (ж)	[pɛˈru]
Pologne (f)	Польща (ж)	[ˈpolʲɕa]
Polynésie (f) Française	Французька Полінезія (ж)	[franˈtsuzʲka poliˈnɛziʲa]
Portugal (m)	Португалія (ж)	[portuˈɦaliʲa]

République (f) Dominicaine	Домініканська республіка (ж)	[dominiˈkansʲka rɛsˈpublika]
République (f) Sud-africaine	Південно-Африканська Республіка (ж)	[piwˈdɛno afriˈkansʲka rɛsˈpublika]
République (f) Tchèque	Чехія (ж)	[ˈtɕɛhiʲa]
Roumanie (f)	Румунія (ж)	[ruˈmuniʲa]
Russie (f)	Росія (ж)	[roˈsiʲa]
Sénégal (m)	Сенегал (ч)	[sɛnɛˈɦal]
Serbie (f)	Сербія (ж)	[ˈsɛrbiʲa]
Slovaquie (f)	Словаччина (ж)	[sloˈwatʃina]
Slovénie (f)	Словенія (ж)	[sloˈwɛniʲa]
Suède (f)	Швеція (ж)	[ˈʃwɛtsiʲa]
Suisse (f)	Швейцарія (ж)	[ʃwɛjˈtsariʲa]
Surinam (m)	Суринам (ч)	[suriˈnam]
Syrie (f)	Сирія (ж)	[ˈsiriʲa]

Tadjikistan (m)	Таджикистан (ч)	[tadʒikiˈstan]
Taïwan (m)	Тайвань (ч)	[tajˈwanʲ]
Tanzanie (f)	Танзанія (ж)	[tanˈzaniʲa]
Tasmanie (f)	Тасманія (ж)	[tasˈmaniʲa]
Thaïlande (f)	Таїланд (ч)	[tajiˈland]
Tunisie (f)	Туніс (ч)	[tuˈnis]
Turkménistan (m)	Туркменістан (ч)	[turkmɛniˈstan]
Turquie (f)	Туреччина (ж)	[tuˈrɛtʃina]

Ukraine (f)	Україна (ж)	[ukraˈjina]
Uruguay (m)	Уругвай (ч)	[uruɦˈwaj]
Vatican (m)	Ватикан (ч)	[watiˈkan]
Venezuela (f)	Венесуела (ж)	[wɛnɛsuˈɛla]
Vietnam (m)	В'єтнам (ч)	[wˈɛtˈnam]
Zanzibar (m)	Занзібар (ч)	[zanziˈbar]

GLOSSAIRE GASTRONOMIQUE

Cette section contient
beaucoup de mots associés
à la nourriture. Ce dictionnaire
vous facilitera la tâche
de comprendre le menu
et de commander le bon plat
au restaurant

T&P Books Publishing

Français-Ukrainien glossaire gastronomique

épi (m)	колос (ч)	['kɔlos]
épice (f)	прянощі (мн)	[prʲa'nɔɕi]
épinard (m)	шпинат (ч)	[ʃpɨ'nat]
œuf (m)	яйце (с)	[jaj'tsɛ]
abricot (m)	абрикос (ч)	[abri'kɔs]
addition (f)	рахунок (ч)	[ra'hunok]
ail (m)	часник (ч)	[tʃas'nʲik]
airelle (f) rouge	брусниця (ж)	[brus'nʲitsʲa]
amande (f)	мигдаль (ч)	[mɨh'dalʲ]
amanite (f) tue-mouches	мухомор (ч)	[muho'mɔr]
amer (adj)	гіркий	[hir'kɨj]
ananas (m)	ананас (ч)	[ana'nas]
anguille (f)	вугор (ч)	[wu'hɔr]
anis (m)	аніс (ч)	['anis]
apéritif (m)	аперитив (ч)	[apɛri'tɨw]
appétit (m)	апетит (ч)	[apɛ'tit]
arrière-goût (m)	присмак (ч)	['prɨsmak]
artichaut (m)	артишок (ч)	[arti'ʃɔk]
asperge (f)	спаржа (ж)	['sparʒa]
assiette (f)	тарілка (ж)	[ta'rilka]
aubergine (f)	баклажан (ч)	[bakla'ʒan]
avec de la glace	з льодом	[z lʲodom]
avocat (m)	авокадо (с)	[awo'kado]
avoine (f)	овес (ч)	[o'wɛs]
bacon (m)	бекон (ч)	[bɛ'kɔn]
baie (f)	ягода (ж)	['ʲahoda]
baies (f pl)	ягоди (мн)	['ʲahodɨ]
banane (f)	банан (ч)	[ba'nan]
bar (m)	бар (ч)	[bar]
barman (m)	бармен (ч)	[bar'mɛn]
basilic (m)	базилік (ч)	[bazi'lik]
betterave (f)	буряк (ч)	[bu'rʲak]
beurre (m)	вершкове масло (с)	[wɛrʃ'kɔwɛ 'maslo]
bière (f)	пиво (с)	['pɨwo]
bière (f) blonde	світле пиво (с)	['switlɛ 'pɨwo]
bière (f) brune	темне пиво (с)	['tɛmnɛ 'pɨwo]
biscuit (m)	печиво (с)	['pɛtʃɨwo]
blé (m)	пшениця (ж)	[pʃɛ'nɨtsʲa]
blanc (m) d'œuf	білок (ч)	[bi'lɔk]
boisson (f) non alcoolisée	безалкогольний напій (ч)	[bɛzalko'hɔlʲnij na'pij]
boissons (f pl) alcoolisées	алкогольні напої (мн)	[alko'hɔlʲni na'pojɨ]
bolet (m) bai	підберезник (ч)	[pidbɛ'rɛznɨk]

bolet (m) orangé	підосичник (ч)	[pido'sitʃnɨk]
bon (adj)	смачний	[smatʃ'nij]
Bon appétit!	Смачного!	[smatʃ'nɔɦo]
bonbon (m)	цукерка (ж)	[tsu'kɛrka]
bouillie (f)	каша (ж)	['kaʃa]
bouillon (m)	бульйон (ч)	[bulʲon]
brème (f)	лящ (ч)	[lʲaɕ]
brochet (m)	щука (ж)	['ɕuka]
brocoli (m)	капуста броколі (ж)	[ka'pusta 'brɔkoli]
cèpe (m)	білий гриб (ч)	['bilɨj 'ɦrib]
céleri (m)	селера (ж)	[sɛ'lɛra]
céréales (f pl)	зернові рослини (мн)	[zɛrno'wi ros'lɨnɨ]
cacahuète (f)	арахіс (ч)	[a'rahis]
café (m)	кава (ж)	['kawa]
café (m) au lait	кава (ж) з молоком	['kawa z molo'kɔm]
café (m) noir	чорна кава (ж)	['tʃorna 'kawa]
café (m) soluble	розчинна кава (ж)	[roz'tʃina 'kawa]
calamar (m)	кальмар (ч)	[kalʲ'mar]
calorie (f)	калорія (ж)	[ka'lɔriʲa]
canard (m)	качка (ж)	['katʃka]
canneberge (f)	журавлина (ж)	[ʒuraw'lɨna]
cannelle (f)	кориця (ж)	[ko'rɨtsʲa]
cappuccino (m)	кава (ж) з вершками	['kawa z wɛrʃ'kamɨ]
carotte (f)	морква (ж)	['mɔrkwa]
carpe (f)	короп (ч)	['kɔrop]
carte (f)	меню (с)	[mɛ'nʲu]
carte (f) des vins	карта (ж) вин	['karta wɨn]
cassis (m)	чорна смородина (ж)	['tʃorna smo'rɔdɨna]
caviar (m)	ікра (ж)	[ik'ra]
cerise (f)	вишня (ж)	['wɨʃnʲa]
champagne (m)	шампанське (с)	[ʃam'pansʲkɛ]
champignon (m)	гриб (ч)	[ɦrib]
champignon (m) comestible	їстівний гриб (ч)	[jis'tiwnɨj ɦrib]
champignon (m) vénéneux	отруйний гриб (ч)	[ot'rujnɨj ɦrib]
chaud (adj)	гарячий	[ɦa'rʲatʃij]
chocolat (m)	шоколад (ч)	[ʃoko'lad]
chou (m)	капуста (ж)	[ka'pusta]
chou (m) de Bruxelles	брюссельська капуста (ж)	[brʲu'sɛlʲsʲka ka'pusta]
chou-fleur (m)	кольорова капуста (ж)	[kolʲo'rɔwa ka'pusta]
citron (m)	лимон (ч)	[lɨ'mɔn]
clou (m) de girofle	гвоздика (ж)	[ɦwoz'dɨka]
cocktail (m)	коктейль (ч)	[kok'tɛjlʲ]
cocktail (m) au lait	молочний коктейль (ч)	[mo'lɔtʃnɨj kok'tɛjlʲ]
cognac (m)	коньяк (ч)	[ko'nʲak]
concombre (m)	огірок (ч)	[oɦi'rɔk]
condiment (m)	приправа (ж)	[prip'rawa]
confiserie (f)	кондитерські вироби (мн)	[kon'dɨtɛrsʲki 'wɨrobɨ]
confiture (f)	джем (ч)	[dʒɛm]

confiture (f)	варення (с)	[waˈrɛnʲa]
congelé (adj)	заморожений	[zamoˈrɔʒɛnij]
conserves (f pl)	консерви (мн)	[konˈsɛrwi]
coriandre (m)	коріандр (ч)	[koriˈandr]
courgette (f)	кабачок (ч)	[kabaˈtʃɔk]
couteau (m)	ніж (ч)	[niʒ]
crème (f)	вершки (мн)	[wɛrʃˈki]
crème (f) aigre	сметана (ж)	[smɛˈtana]
crème (f) au beurre	крем (ч)	[krɛm]
crabe (m)	краб (ч)	[krab]
crevette (f)	креветка (ж)	[krɛˈwɛtka]
cuillère (f)	ложка (ж)	[ˈlɔʒka]
cuillère (f) à soupe	столова ложка (ж)	[stoˈlɔwa ˈlɔʒka]
cuisine (f)	кухня (ж)	[ˈkuhnʲa]
cuisse (f)	окіст (ч)	[ˈɔkist]
cuit à l'eau (adj)	варений	[waˈrɛnij]
cumin (m)	кмин (ч)	[kmin]
cure-dent (m)	зубочистка (ж)	[zuboˈtʃistka]
déjeuner (m)	обід (ч)	[oˈbid]
dîner (m)	вечеря (ж)	[wɛˈtʃɛrʲa]
datte (f)	фінік (ч)	[ˈfinik]
dessert (m)	десерт (ч)	[dɛˈsɛrt]
dinde (f)	індичка (ж)	[inˈditʃka]
du bœuf	яловичина (ж)	[ˈʲalowitʃina]
du mouton	баранина (ж)	[baˈranina]
du porc	свинина (ж)	[swiˈnina]
du veau	телятина (ж)	[tɛˈlʲatina]
eau (f)	вода (ж)	[woˈda]
eau (f) minérale	мінеральна вода (ж)	[minɛˈralʲna woˈda]
eau (f) potable	питна вода (ж)	[pitˈna woˈda]
en chocolat (adj)	шоколадний	[ʃokoˈladnij]
esturgeon (m)	осетрина (ж)	[osɛtˈrina]
fèves (f pl)	боби (мн)	[boˈbi]
farce (f)	фарш (ч)	[farʃ]
farine (f)	борошно (с)	[ˈbɔroʃno]
fenouil (m)	кріп (ч)	[krip]
feuille (f) de laurier	лавровий лист (ч)	[lawˈrɔwij list]
figue (f)	інжир (ч)	[inˈʒir]
flétan (m)	палтус (ч)	[ˈpaltus]
flet (m)	камбала (ж)	[kambaˈla]
foie (m)	печінка (ж)	[pɛˈtʃinka]
fourchette (f)	виделка (ж)	[wiˈdɛlka]
fraise (f)	полуниця (ж)	[poluˈnitsʲa]
fraise (f) des bois	суниця (ж)	[suˈnitsʲa]
framboise (f)	малина (ж)	[maˈlina]
frit (adj)	смажений	[ˈsmaʒɛnij]
froid (adj)	холодний	[hoˈlɔdnij]
fromage (m)	сир (ч)	[sir]
fruit (m)	фрукт (ч)	[frukt]
fruits (m pl) de mer	морепродукти (мн)	[morɛproˈdukti]
fumé (adj)	копчений	[kopˈtʃɛnij]
gâteau (m)	тістечко (с)	[ˈtistɛtʃko]

gâteau (m)	пиріг (ч)	[pi'rifɦ]
garniture (f)	начинка (ж)	[na'tʃɨnka]
garniture (f)	гарнір (ч)	[ɦar'nir]
gaufre (f)	вафлі (мн)	['wafli]
gazeuse (adj)	газований	[ɦa'zowanɨj]
gibier (m)	дичина (ж)	[ditʃɨ'na]
gin (m)	джин (ч)	[dʒɨn]
gingembre (m)	імбир (ч)	[im'bɨr]
girolle (f)	лисичка (ж)	[lɨ'sitʃka]
glace (f)	лід (ч)	[lid]
glace (f)	морозиво (с)	[mo'rɔzɨwo]
glucides (m pl)	вуглеводи (ч)	[wuɦlɛ'wɔdɨ]
goût (m)	смак (ч)	[smak]
gomme (f) à mâcher	жувальна гумка (ж)	[ʒu'walʲna 'ɦumka]
grains (m pl)	зерно (с)	[zɛr'nɔ]
grenade (f)	гранат (ч)	[ɦra'nat]
groseille (f) rouge	порічки (мн)	[po'ritʃki]
groseille (f) verte	аґрус (ч)	['agrus]
gruau (m)	крупа (ж)	[kru'pa]
hamburger (m)	гамбургер (ч)	['ɦamburɦɛr]
hareng (m)	оселедець (ч)	[osɛ'lɛdɛts]
haricot (m)	квасоля (ж)	[kwa'sɔlʲa]
hors-d'œuvre (m)	закуска (ж)	[za'kuska]
huître (f)	устриця (ж)	['ustrɨtsʲa]
huile (f) d'olive	олія (ж) оливкова	[o'liʲa o'lɨwkowa]
huile (f) de tournesol	соняшникова олія (ж)	['sɔnʲaʃnɨkowa o'liʲa]
huile (f) végétale	олія (ж) рослинна	[o'liʲa ros'lɨna]
jambon (m)	шинка (ж)	['ʃɨnka]
jaune (m) d'œuf	жовток (ч)	[ʒow'tɔk]
jus (m)	сік (ч)	[sik]
jus (m) d'orange	апельсиновий сік (ч)	[apɛlʲ'sɨnowɨj sik]
jus (m) de tomate	томатний сік (ч)	[to'matnɨj 'sik]
jus (m) pressé	свіжовижатий сік (ч)	[swiʒo'wɨʒatɨj sik]
kiwi (m)	ківі (ч)	['kiwi]
légumes (m pl)	овочі (мн)	['ɔwotʃi]
lait (m)	молоко (с)	[molo'kɔ]
lait (m) condensé	згущене молоко (с)	['zɦuɕɛnɛ molo'kɔ]
laitue (f), salade (f)	салат (ч)	[sa'lat]
langoustine (f)	лангуст (ч)	[lan'ɦust]
langue (f)	язик (ч)	[ja'zɨk]
lapin (m)	кріль (ч)	[krilʲ]
lentille (f)	сочевиця (ж)	[sotʃɛ'wɨtsʲa]
les œufs	яйця (мн)	['ʲajtsʲa]
les œufs brouillés	яєчня (ж)	[ja'ɛʃnʲa]
limonade (f)	лимонад (ч)	[lɨmo'nad]
lipides (m pl)	жири (мн)	[ʒɨ'rɨ]
liqueur (f)	лікер (ч)	[li'kɛr]
mûre (f)	ожина (ж)	[o'ʒɨna]
maïs (m)	кукурудза (ж)	[kuku'rudza]
maïs (m)	кукурудза (ж)	[kuku'rudza]
mandarine (f)	мандарин (ч)	[manda'rɨn]
mangue (f)	манго (с)	['manɦo]

maquereau (m)	скумбрія (ж)	['skumbriʲa]
margarine (f)	маргарин (ч)	[marɦa'rin]
mariné (adj)	маринований	[mari'nɔwanij]
marmelade (f)	мармелад (ч)	[marmɛ'lad]
melon (m)	диня (ж)	['dinʲa]
merise (f)	черешня (ж)	[tʃɛ'rɛʃnʲa]
miel (m)	мед (ч)	[mɛd]
miette (f)	крихта (ж)	['krihta]
millet (m)	просо (с)	['prɔsɔ]
morceau (m)	шматок (ч)	[ʃma'tɔk]
morille (f)	зморшок (ч)	['zmɔrʃɔk]
morue (f)	тріска (ж)	[tris'ka]
moutarde (f)	гірчиця (ж)	[ɦir'tʃitsʲa]
myrtille (f)	чорниця (ж)	[tʃor'nitsʲa]
navet (m)	ріпа (ж)	['ripa]
noisette (f)	ліщина (ж)	[li'çina]
noix (f)	горіх (ч) волоський	[ɦo'rih wo'lɔsʲkij]
noix (f) de coco	горіх (ч) кокосовий	[ɦo'rih ko'kɔsowij]
nouilles (f pl)	локшина (ж)	[lokʃi'na]
nourriture (f)	їжа (ж)	['jɨʒa]
oie (f)	гусак (ч)	[ɦu'sak]
oignon (m)	цибуля (ж)	[tsi'bulʲa]
olives (f pl)	оливки (мн)	[o'liwki]
omelette (f)	омлет (ч)	[om'lɛt]
orange (f)	апельсин (ч)	[apɛlʲ'sin]
orge (f)	ячмінь (ч)	[jatʃ'minʲ]
oronge (f) verte	поганка (ж)	[po'ɦanka]
ouvre-boîte (m)	відкривачка (ж)	[widkri'watʃka]
ouvre-bouteille (m)	відкривачка (ж)	[widkri'watʃka]
pâté (m)	паштет (ч)	[paʃ'tɛt]
pâtes (m pl)	макарони (мн)	[maka'rɔni]
pétales (m pl) de maïs	кукурудзяні пластівці (мн)	[kuku'rudzʲani plastiw'tsi]
pétillante (adj)	з газом	[z 'ɦazom]
pêche (f)	персик (ч)	['pɛrsik]
pain (m)	хліб (ч)	[hlib]
pamplemousse (m)	грейпфрут (ч)	[ɦrɛjp'frut]
papaye (f)	папайя (ж)	[pa'paʲa]
paprika (m)	паприка (ж)	['paprika]
pastèque (f)	кавун (ч)	[ka'wun]
peau (f)	шкірка (ж)	['ʃkirka]
perche (f)	окунь (ч)	['ɔkunʲ]
persil (m)	петрушка (ж)	[pɛt'ruʃka]
petit déjeuner (m)	сніданок (ч)	[sni'danok]
petite cuillère (f)	чайна ложка (ж)	['tʃajna 'lɔʒka]
pistaches (f pl)	фісташки (мн)	[fis'taʃki]
pizza (f)	піца (ж)	['pitsa]
plat (m)	страва (ж)	['strawa]
plate (adj)	без газу	[bɛz 'ɦazu]
poire (f)	груша (ж)	['ɦruʃa]
pois (m)	горох (ч)	[ɦo'rɔh]
poisson (m)	риба (ж)	['riba]

poivre (m) noir	чорний перець (ч)	['tʃɔrnij 'pɛrɛts]
poivre (m) rouge	червоний перець (ч)	[tʃɛr'wɔnij 'pɛrɛts]
poivron (m)	перець (ч)	['pɛrɛts]
pomme (f)	яблуко (с)	['ʲabluko]
pomme (f) de terre	картопля (ж)	[kar'tɔplʲa]
portion (f)	порція (ж)	['pɔrtsiʲa]
potiron (m)	гарбуз (ч)	[ɦar'buz]
poulet (m)	курка (ж)	['kurka]
pourboire (m)	чайові (мн)	[tʃaʲo'wi]
protéines (f pl)	білки (мн)	[bil'ki]
prune (f)	слива (ж)	['sliwa]
purée (f)	картопляне пюре (с)	[kartop'lʲanɛ pʲu'rɛ]
régime (m)	дієта (ж)	[di'ɛta]
radis (m)	редька (ж)	['rɛdʲka]
rafraîchissement (m)	прохолодній напій (ч)	[proɦo'lɔdnij na'pij]
raifort (m)	хрін (ч)	[hrin]
raisin (m)	виноград (ч)	[wino'ɦrad]
raisin (m) sec	родзинки (мн)	[ro'dzinki]
recette (f)	рецепт (ч)	[rɛ'tsɛpt]
requin (m)	акула (ж)	[a'kula]
rhum (m)	ром (ч)	[rom]
riz (m)	рис (ч)	[ris]
russule (f)	сироїжка (ж)	[siro'jiʒka]
sésame (m)	кунжут (ч)	[kun'ʒut]
safran (m)	шафран (ч)	[ʃafʳan]
salé (adj)	солоний	[so'lɔnij]
salade (f)	салат (ч)	[sa'lat]
sandre (f)	судак (ч)	[su'dak]
sandwich (m)	канапка (ж)	[ka'napka]
sans alcool	безалкогольний	[bɛzalko'ɦɔlʲnij]
sardine (f)	сардина (ж)	[sar'dina]
sarrasin (m)	гречка (ж)	['ɦrɛtʃka]
sauce (f)	соус (ч)	['sɔus]
sauce (f) mayonnaise	майонез (ч)	[maʲo'nɛz]
saucisse (f)	сосиска (ж)	[so'siska]
saucisson (m)	ковбаса (ж)	[kowba'sa]
saumon (m)	лосось (ч)	[lo'sɔsʲ]
saumon (m) atlantique	сьомга (ж)	['sʲomɦa]
sec (adj)	сушений	['suʃɛnij]
seigle (m)	жито (с)	['ʒito]
sel (m)	сіль (ж)	[silʲ]
serveur (m)	офіціант (ч)	[ofitsi'ant]
serveuse (f)	офіціантка (ж)	[ofitsi'antka]
silure (m)	сом (ч)	[som]
soja (m)	соя (ж)	['sɔʲa]
soucoupe (f)	блюдце (с)	['blʲudtsɛ]
soupe (f)	юшка (ж)	['ʲuʃka]
spaghettis (m pl)	спагеті (мн)	[spa'ɦɛti]
steak (m)	біфштекс (ч)	[bif'ʃtɛks]
sucré (adj)	солодкий	[so'lɔdkij]
sucre (m)	цукор (ч)	['tsukor]
tarte (f)	торт (ч)	[tort]

tasse (f)	чашка (ж)	['tʃaʃka]
thé (m)	чай (ч)	[tʃaj]
thé (m) noir	чорний чай (ч)	['tʃɔrnij tʃaj]
thé (m) vert	зелений чай (ч)	[zɛ'lɛnij tʃaj]
thon (m)	тунець (ч)	[tu'nɛts]
tire-bouchon (m)	штопор (ч)	['ʃtɔpor]
tomate (f)	помідор (ч)	[pomi'dɔr]
tranche (f)	скибка (ж)	['skɨbka]
truite (f)	форель (ж)	[fo'rɛlʲ]
végétarien (adj)	вегетаріанський	[wɛɦɛtari'ansʲkij]
végétarien (m)	вегетаріанець (ч)	[wɛɦɛtari'anɛts]
verdure (f)	зелень (ж)	['zɛlɛnʲ]
vermouth (m)	вермут (ч)	['wɛrmut]
verre (m)	склянка (ж)	['sklʲanka]
verre (m) à vin	келих (ч)	['kɛlɨɦ]
viande (f)	м'ясо (с)	['mʲjaso]
vin (m)	вино (с)	[wɨ'nɔ]
vin (m) blanc	біле вино (с)	['bilɛ wɨ'nɔ]
vin (m) rouge	червоне вино (с)	[tʃɛr'wɔnɛ wɨ'nɔ]
vinaigre (m)	оцет (ч)	['ɔtsɛt]
vitamine (f)	вітамін (ч)	[wita'min]
vodka (f)	горілка (ж)	[ɦo'rilka]
whisky (m)	віскі (с)	['wiski]
yogourt (m)	йогурт (ч)	['jɔɦurt]

Ukrainien-Français glossaire gastronomique

абрикос (ч)	[abrɨ'kɔs]	abricot (m)
авокадо (с)	[awo'kado]	avocat (m)
аґрус (ч)	['agrus]	groseille (f) verte
акула (ж)	[a'kula]	requin (m)
алкогольні напої (мн)	[alko'hɔlʲni na'pɔjɨ]	boissons (f pl) alcoolisées
ананас (ч)	[ana'nas]	ananas (m)
аніс (ч)	['anis]	anis (m)
апельсин (ч)	[apɛlʲ'sɨn]	orange (f)
апельсиновий сік (ч)	[apɛlʲ'sɨnowɨj sik]	jus (m) d'orange
аперитив (ч)	[apɛrɨ'tʲiw]	apéritif (m)
апетит (ч)	[apɛ'tʲit]	appétit (m)
арахіс (ч)	[a'rahis]	cacahuète (f)
артишок (ч)	[artɨ'ʃɔk]	artichaut (m)
базилік (ч)	[bazɨ'lik]	basilic (m)
баклажан (ч)	[bakla'ʒan]	aubergine (f)
банан (ч)	[ba'nan]	banane (f)
бар (ч)	[bar]	bar (m)
баранина (ж)	[ba'ranɨna]	du mouton
бармен (ч)	[bar'mɛn]	barman (m)
без газу	[bɛz 'hazu]	plate (adj)
безалкогольний	[bɛzalko'hɔlʲnɨj]	sans alcool
безалкогольний напій (ч)	[bɛzalko'hɔlʲnɨj na'pij]	boisson (f) non alcoolisée
бекон (ч)	[bɛ'kɔn]	bacon (m)
біле вино (с)	['bilɛ wɨ'nɔ]	vin (m) blanc
білий гриб (ч)	['bilɨj 'hrib]	cèpe (m)
білки (мн)	[bil'kɨ]	protéines (f pl)
білок (ч)	[bi'lɔk]	blanc (m) d'œuf
біфштекс (ч)	[bifʃtɛks]	steak (m)
блюдце (с)	['blʲudtsɛ]	soucoupe (f)
боби (мн)	[bo'bɨ]	fèves (f pl)
борошно (с)	['bɔroʃno]	farine (f)
брусниця (ж)	[brus'nɨtsʲa]	airelle (f) rouge
брюссельська капуста (ж)	[brʲu'sɛlʲsʲka ka'pusta]	chou (m) de Bruxelles
бульйон (ч)	[bulʲon]	bouillon (m)
буряк (ч)	[bu'rʲak]	betterave (f)
варений	[wa'rɛnɨj]	cuit à l'eau (adj)
варення (с)	[wa'rɛnʲa]	confiture (f)
вафлі (мн)	['wafli]	gaufre (f)
вегетаріанець (ч)	[wɛɦɛtari'anɛts]	végétarien (m)
вегетаріанський	[wɛɦɛtari'ansʲkɨj]	végétarien (adj)
вермут (ч)	['wɛrmut]	vermouth (m)

вершки (мн)	[wɛrʃˈki]	crème (f)
вершкове масло (с)	[wɛrʃˈkɔwɛ ˈmaslo]	beurre (m)
вечеря (ж)	[wɛˈtʃɛrʲa]	dîner (m)
виделка (ж)	[wiˈdɛlka]	fourchette (f)
вино (с)	[wiˈnɔ]	vin (m)
виноград (ч)	[winoˈɦrad]	raisin (m)
вишня (ж)	[ˈwiʃnʲa]	cerise (f)
відкривачка (ж)	[widkriˈwatʃka]	ouvre-bouteille (m)
відкривачка (ж)	[widkriˈwatʃka]	ouvre-boîte (m)
віскі (с)	[ˈwiski]	whisky (m)
вітамін (ч)	[witaˈmin]	vitamine (f)
вода (ж)	[woˈda]	eau (f)
вуглеводи (ч)	[wuɦlɛˈwɔdi]	glucides (m pl)
вугор (ч)	[wuˈɦor]	anguille (f)
газований	[ɦaˈzowanij]	gazeuse (adj)
гамбургер (ч)	[ˈɦamburɦɛr]	hamburger (m)
гарбуз (ч)	[ɦarˈbuz]	potiron (m)
гарнір (ч)	[ɦarˈnir]	garniture (f)
гарячий	[ɦaˈrʲatʃij]	chaud (adj)
гвоздика (ж)	[ɦwozˈdika]	clou (m) de girofle
гіркий	[ɦirˈkij]	amer (adj)
гірчиця (ж)	[ɦirˈtʃitsʲa]	moutarde (f)
горілка (ж)	[ɦoˈrilka]	vodka (f)
горіх (ч) волоський	[ɦoˈriɦ woˈlɔsʲkij]	noix (f)
горіх (ч) кокосовий	[ɦoˈriɦ koˈkɔsowij]	noix (f) de coco
горох (ч)	[ɦoˈrɔɦ]	pois (m)
гранат (ч)	[ɦraˈnat]	grenade (f)
грейпфрут (ч)	[ɦrɛjpˈfrut]	pamplemousse (m)
гречка (ж)	[ˈɦrɛtʃka]	sarrasin (m)
гриб (ч)	[ɦrib]	champignon (m)
груша (ж)	[ˈɦruʃa]	poire (f)
гусак (ч)	[ɦuˈsak]	oie (f)
десерт (ч)	[dɛˈsɛrt]	dessert (m)
джем (ч)	[dʒɛm]	confiture (f)
джин (ч)	[dʒin]	gin (m)
диня (ж)	[ˈdinʲa]	melon (m)
дичина (ж)	[ditʃiˈna]	gibier (m)
дієта (ж)	[diˈɛta]	régime (m)
жири (мн)	[ʒiˈri]	lipides (m pl)
жито (с)	[ˈʒito]	seigle (m)
жовток (ч)	[ʒowˈtɔk]	jaune (m) d'œuf
жувальна гумка (ж)	[ʒuˈwalʲna ˈɦumka]	gomme (f) à mâcher
журавлина (ж)	[ʒurawˈlina]	canneberge (f)
з газом	[z ˈɦazom]	pétillante (adj)
з льодом	[z lʲodom]	avec de la glace
закуска (ж)	[zaˈkuska]	hors-d'œuvre (m)
заморожений	[zamoˈrɔʒɛnij]	congelé (adj)
згущене молоко (с)	[ˈzɦuɕɛnɛ moloˈkɔ]	lait (m) condensé
зелений чай (ч)	[zɛˈlɛnij tʃaj]	thé (m) vert
зелень (ж)	[ˈzɛlɛnʲ]	verdure (f)
зерно (с)	[zɛrˈnɔ]	grains (m pl)
зернові рослини (мн)	[zɛrnoˈwi rosˈlini]	céréales (f pl)

Ukrainien	Prononciation	Français
зморшок (ч)	['zmɔrʃok]	morille (f)
зубочистка (ж)	[zubo'tʃistka]	cure-dent (m)
ікра (ж)	[ik'ra]	caviar (m)
імбир (ч)	[im'bɨr]	gingembre (m)
індичка (ж)	[in'ditʃka]	dinde (f)
інжир (ч)	[in'ʒɨr]	figue (f)
їжа (ж)	['jiʒa]	nourriture (f)
їстівний гриб (ч)	[jɨs'tiwnɨj ɦrɨb]	champignon (m) comestible
йогурт (ч)	['jɔɦurt]	yogourt (m)
кабачок (ч)	[kaba'tʃɔk]	courgette (f)
кава (ж)	['kawa]	café (m)
кава (ж) з вершками	['kawa z wɛrʃ'kamɨ]	cappuccino (m)
кава (ж) з молоком	['kawa z molo'kɔm]	café (m) au lait
кавун (ч)	[ka'wun]	pastèque (f)
калорія (ж)	[ka'lɔriʲa]	calorie (f)
кальмар (ч)	[kalʲ'mar]	calamar (m)
камбала (ж)	[kamba'la]	flet (m)
канапка (ж)	[ka'napka]	sandwich (m)
капуста (ж)	[ka'pusta]	chou (m)
капуста броколі (ж)	[ka'pusta 'brɔkoli]	brocoli (m)
карта (ж) вин	['karta wɨn]	carte (f) des vins
картопля (ж)	[kar'tɔplʲa]	pomme (f) de terre
картопляне пюре (с)	[kartop'lʲanɛ pʲu'rɛ]	purée (f)
качка (ж)	['katʃka]	canard (m)
каша (ж)	['kaʃa]	bouillie (f)
квасоля (ж)	[kwa'sɔlʲa]	haricot (m)
келих (ч)	['kɛlɨh]	verre (m) à vin
ківі (ч)	['kiwi]	kiwi (m)
кмин (ч)	[kmɨn]	cumin (m)
ковбаса (ж)	[kowba'sa]	saucisson (m)
коктейль (ч)	[kok'tɛjlʲ]	cocktail (m)
колос (ч)	['kɔlos]	épi (m)
кольорова капуста (ж)	[kolʲo'rowa ka'pusta]	chou-fleur (m)
кондитерські вироби (мн)	[kon'ditɛrsʲki 'wɨrobɨ]	confiserie (f)
консерви (мн)	[kon'sɛrwɨ]	conserves (f pl)
коньяк (ч)	[ko'nʲak]	cognac (m)
копчений	[kop'tʃɛnɨj]	fumé (adj)
кориця (ж)	[ko'rɨtsʲa]	cannelle (f)
коріандр (ч)	[kori'andr]	coriandre (m)
короп (ч)	['kɔrop]	carpe (f)
краб (ч)	[krab]	crabe (m)
креветка (ж)	[krɛ'wɛtka]	crevette (f)
крем (ч)	[krɛm]	crème (f) au beurre
крихта (ж)	['krɨhta]	miette (f)
кріль (ч)	[krilʲ]	lapin (m)
кріп (ч)	[krip]	fenouil (m)
крупа (ж)	[kru'pa]	gruau (m)
кукурудза (ж)	[kuku'rudza]	maïs (m)
кукурудза (ж)	[kuku'rudza]	maïs (m)
кукурудзяні пластівці (мн)	[kuku'rudzʲani plastiw'tsi]	pétales (m pl) de maïs

Ukrainien	Prononciation	Français
кунжут (ч)	[kun'ʒut]	sésame (m)
курка (ж)	['kurka]	poulet (m)
кухня (ж)	['kuhnʲa]	cuisine (f)
лавровий лист (ч)	[law'rɔwij list]	feuille (f) de laurier
лангуст (ч)	[lan'ɦust]	langoustine (f)
лимон (ч)	[lɨ'mɔn]	citron (m)
лимонад (ч)	[lɨmo'nad]	limonade (f)
лисичка (ж)	[lɨ'sɨʧka]	girolle (f)
лід (ч)	[lid]	glace (f)
лікер (ч)	[li'kɛr]	liqueur (f)
ліщина (ж)	[li'ɕina]	noisette (f)
ложка (ж)	['lɔʒka]	cuillère (f)
локшина (ж)	[lokʃɨ'na]	nouilles (f pl)
лосось (ч)	[lo'sɔsʲ]	saumon (m)
лящ (ч)	[lʲaɕ]	brème (f)
м'ясо (с)	['mʲjaso]	viande (f)
майонез (ч)	[maʲo'nɛz]	sauce (f) mayonnaise
макарони (мн)	[maka'rɔni]	pâtes (m pl)
малина (ж)	[ma'lɨna]	framboise (f)
манго (с)	['manɦo]	mangue (f)
мандарин (ч)	[manda'rɨn]	mandarine (f)
маргарин (ч)	[marɦa'rɨn]	margarine (f)
маринований	[marɨ'nɔwanɨj]	mariné (adj)
мармелад (ч)	[marmɛ'lad]	marmelade (f)
мед (ч)	[mɛd]	miel (m)
меню (с)	[mɛ'nʲu]	carte (f)
мигдаль (ч)	[mɨɦ'dalʲ]	amande (f)
мінеральна вода (ж)	[minɛ'ralʲna wo'da]	eau (f) minérale
молоко (с)	[molo'kɔ]	lait (m)
молочний коктейль (ч)	[mo'lɔʧnɨj kok'tɛjlʲ]	cocktail (m) au lait
морепродукти (мн)	[mɔrɛpro'duktɨ]	fruits (m pl) de mer
морква (ж)	['mɔrkwa]	carotte (f)
морозиво (с)	[mo'rɔzɨwo]	glace (f)
мухомор (ч)	[muho'mɔr]	amanite (f) tue-mouches
начинка (ж)	[na'ʧinka]	garniture (f)
ніж (ч)	[niʒ]	couteau (m)
обід (ч)	[o'bid]	déjeuner (m)
овес (ч)	[o'wɛs]	avoine (f)
овочі (мн)	['ɔwoʧi]	légumes (m pl)
огірок (ч)	[oɦi'rɔk]	concombre (m)
ожина (ж)	[o'ʒɨna]	mûre (f)
окіст (ч)	['ɔkist]	cuisse (f)
окунь (ч)	['ɔkunʲ]	perche (f)
оливки (мн)	[o'lɨwkɨ]	olives (f pl)
олія (ж) оливкова	[o'liʲa o'lɨwkowa]	huile (f) d'olive
олія (ж) рослинна	[o'liʲa ros'lɨna]	huile (f) végétale
омлет (ч)	[om'lɛt]	omelette (f)
оселедець (ч)	[osɛ'lɛdɛts]	hareng (m)
осетрина (ж)	[osɛt'rɨna]	esturgeon (m)
отруйний гриб (ч)	[ot'rujnɨj ɦrɨb]	champignon (m) vénéneux
офіціант (ч)	[ofitsi'ant]	serveur (m)

офіціантка (ж)	[ofitsi'antka]	serveuse (f)
оцет (ч)	['ɔtsɛt]	vinaigre (m)
палтус (ч)	['paltus]	flétan (m)
папайя (ж)	[pa'pajа]	papaye (f)
паприка (ж)	['paprika]	paprika (m)
паштет (ч)	[paʃ'tɛt]	pâté (m)
перець (ч)	['pɛrɛts]	poivron (m)
персик (ч)	['pɛrsik]	pêche (f)
петрушка (ж)	[pɛt'ruʃka]	persil (m)
печиво (с)	['pɛtʃiwo]	biscuit (m)
печінка (ж)	[pɛ'tʃinka]	foie (m)
пиво (с)	['piwo]	bière (f)
пиріг (ч)	[pi'rih]	gâteau (m)
питна вода (ж)	[pit'na wo'da]	eau (f) potable
підберезник (ч)	[pidbɛ'rɛznik]	bolet (m) bai
підосичник (ч)	[pido'sitʃnik]	bolet (m) orangé
піца (ж)	['pitsa]	pizza (f)
поганка (ж)	[po'hanka]	oronge (f) verte
полуниця (ж)	[polu'nitsjа]	fraise (f)
помідор (ч)	[pomi'dɔr]	tomate (f)
порічки (мн)	[po'ritʃki]	groseille (f) rouge
порція (ж)	['pɔrtsijа]	portion (f)
приправа (ж)	[prip'rawa]	condiment (m)
присмак (ч)	['prismak]	arrière-goût (m)
просо (с)	['prɔso]	millet (m)
прохолодній напій (ч)	[proho'lɔdnij na'pij]	rafraîchissement (m)
прянощі (мн)	[prjа'nɔɕi]	épice (f)
пшениця (ж)	[pʃɛ'nitsjа]	blé (m)
рахунок (ч)	[ra'hunok]	addition (f)
редька (ж)	['rɛdjka]	radis (m)
рецепт (ч)	[rɛ'tsɛpt]	recette (f)
риба (ж)	['riba]	poisson (m)
рис (ч)	[ris]	riz (m)
ріпа (ж)	['ripa]	navet (m)
родзинки (мн)	[ro'dzinki]	raisin (m) sec
розчинна кава (ж)	[roz'tʃina 'kawa]	café (m) soluble
ром (ч)	[rom]	rhum (m)
салат (ч)	[sa'lat]	laitue (f), salade (f)
салат (ч)	[sa'lat]	salade (f)
сардина (ж)	[sar'dina]	sardine (f)
свинина (ж)	[swi'nina]	du porc
свіжовижатий сік (ч)	[swiʒo'wiʒatij sik]	jus (m) pressé
світле пиво (с)	['switlɛ 'piwo]	bière (f) blonde
селера (ж)	[sɛ'lɛra]	céleri (m)
сир (ч)	[sir]	fromage (m)
сироїжка (ж)	[siro'jiʒka]	russule (f)
сік (ч)	[sik]	jus (m)
сіль (ж)	[silj]	sel (m)
скибка (ж)	['skibka]	tranche (f)
склянка (ж)	['skljаnka]	verre (m)
скумбрія (ж)	['skumbrijа]	maquereau (m)
слива (ж)	['sliwa]	prune (f)

смажений	['smaʒɛnij]	frit (adj)
смак (ч)	[smak]	goût (m)
смачний	[smatʃ'nij]	bon (adj)
Смачного!	[smatʃ'nɔɦo]	Bon appétit!
сметана (ж)	[smɛ'tana]	crème (f) aigre
сніданок (ч)	[sni'danok]	petit déjeuner (m)
солодкий	[so'lɔdkij]	sucré (adj)
солоний	[so'lɔnij]	salé (adj)
сом (ч)	[som]	silure (m)
соняшникова олія (ж)	['sonʲaʃnikowa o'liʲa]	huile (f) de tournesol
сосиска (ж)	[so'siska]	saucisse (f)
соус (ч)	['sous]	sauce (f)
сочевиця (ж)	[sotʃɛ'witsʲa]	lentille (f)
соя (ж)	['sɔʲa]	soja (m)
спагеті (мн)	[spa'ɦɛti]	spaghettis (m pl)
спаржа (ж)	['sparʒa]	asperge (f)
столова ложка (ж)	[sto'lɔwa 'lɔʒka]	cuillère (f) à soupe
страва (ж)	['strawa]	plat (m)
судак (ч)	[su'dak]	sandre (f)
суниця (ж)	[su'nitsʲa]	fraise (f) des bois
сушений	['suʃɛnij]	sec (adj)
сьомга (ж)	['sʲomɦa]	saumon (m) atlantique
тарілка (ж)	[ta'rilka]	assiette (f)
телятина (ж)	[tɛ'lʲatina]	du veau
темне пиво (с)	['tɛmnɛ 'piwo]	bière (f) brune
тістечко (с)	['tistɛtʃko]	gâteau (m)
томатний сік (ч)	[to'matnij 'sik]	jus (m) de tomate
торт (ч)	[tort]	tarte (f)
тріска (ж)	[tris'ka]	morue (f)
тунець (ч)	[tu'nɛts]	thon (m)
устриця (ж)	['ustritsʲa]	huître (f)
фарш (ч)	[farʃ]	farce (f)
фінік (ч)	['finik]	datte (f)
фісташки (мн)	[fis'taʃki]	pistaches (f pl)
форель (ж)	[fo'rɛlʲ]	truite (f)
фрукт (ч)	[frukt]	fruit (m)
хліб (ч)	[hlib]	pain (m)
холодний	[ho'lɔdnij]	froid (adj)
хрін (ч)	[hrin]	raifort (m)
цибуля (ж)	[tsi'bulʲa]	oignon (m)
цукерка (ж)	[tsu'kɛrka]	bonbon (m)
цукор (ч)	['tsukor]	sucre (m)
чай (ч)	[tʃaj]	thé (m)
чайна ложка (ж)	['tʃajna 'lɔʒka]	petite cuillère (f)
чайові (мн)	[tʃaʲo'wi]	pourboire (m)
часник (ч)	[tʃas'nik]	ail (m)
чашка (ж)	['tʃaʃka]	tasse (f)
червоне вино (с)	[tʃɛr'wɔnɛ wi'nɔ]	vin (m) rouge
червоний перець (ч)	[tʃɛr'wɔnij 'pɛrɛts]	poivre (m) rouge
черешня (ж)	[tʃɛ'rɛʃnʲa]	merise (f)
чорна кава (ж)	['tʃorna 'kawa]	café (m) noir
чорна смородина (ж)	['tʃorna smo'rɔdina]	cassis (m)

чорний перець (ч)	['tʃɔrnɨj 'pɛrɛts]	poivre (m) noir
чорний чай (ч)	['tʃɔrnɨj tʃaj]	thé (m) noir
чорниця (ж)	[tʃorˈnɨtsʲa]	myrtille (f)
шампанське (с)	[ʃamˈpansʲkɛ]	champagne (m)
шафран (ч)	[ʃafˈran]	safran (m)
шинка (ж)	[ˈʃɨnka]	jambon (m)
шкірка (ж)	[ˈʃkirka]	peau (f)
шматок (ч)	[ʃmaˈtɔk]	morceau (m)
шоколад (ч)	[ʃokoˈlad]	chocolat (m)
шоколадний	[ʃokoˈladnɨj]	en chocolat (adj)
шпинат (ч)	[ʃpɨˈnat]	épinard (m)
штопор (ч)	[ˈʃtɔpor]	tire-bouchon (m)
щука (ж)	[ˈɕuka]	brochet (m)
юшка (ж)	[ˈjuʃka]	soupe (f)
яблуко (с)	[ˈjabluko]	pomme (f)
ягода (ж)	[ˈjaɦoda]	baie (f)
ягоди (мн)	[ˈjaɦodɨ]	baies (f pl)
яєчня (ж)	[jaˈɛʃnʲa]	les œufs brouillés
язик (ч)	[jaˈzɨk]	langue (f)
яйце (с)	[jajˈtsɛ]	œuf (m)
яйця (мн)	[ˈjajtsʲa]	les œufs
яловичина (ж)	[ˈjalowɨtʃɨna]	du bœuf
ячмінь (ч)	[jatʃˈminʲ]	orge (f)

www.ingramcontent.com/pod-product-compliance
Lightning Source LLC
LaVergne TN
LVHW012336290125
802515LV00008B/342